Liebe Leserin, lieber Leser,

mit diesem Buch haben Sie einen guten Griff getan! Denn egal, was Sie vorhaben – ob Sie modernisieren oder verschönern, ob Sie reparieren oder ein eigenes Möbelstück bauen möchten –, jetzt kann nichts mehr schiefgehen. Die Fachautoren von Europas auflagenstärkstem Do-it-yourself-Magazin „SelberMachen" präsentieren Ihnen Heimwerken auf dem neuesten Stand. Schritt für Schritt werden sämtliche Handgriffe und kleinen Tricks erklärt. Alles, was wir Ihnen hier zeigen, ist vielfach und ausführlich in den Werkstätten von „SelberMachen" getestet und erprobt worden. Wir wünschen Ihnen viel Freude und Erfolg bei all Ihren Selbermacher-Plänen!

Ulrich Weiß / Detlef Wittkuhn

Spielzeug und Möbel für Kinder

rororo
selber machen

rororo selbermachen
Herausgegeben von Wolf Dietrich Laatzen

Die Reihe rororo selbermachen wird produziert von der Redaktion der Zeitschrift SelberMachen, Jahreszeiten Verlag, Hamburg

Autoren und Verlag bedanken sich bei allen, die technische Informationen, Fotos und fachlichen Rat beigesteuert haben, für die freundliche Unterstützung bei der Entstehung dieses Buchs.

2. Auflage
16.–19. Tausend Juni 1999

Originalausgabe
Veröffentlicht im Rowohlt Taschenbuch Verlag GmbH, Reinbek bei Hamburg, April 1997

Layout Simone Sander
Umschlaggestaltung Walter Hellmann
(Foto Ariadne Ahrens)
Lithographie Alphabeta Druckformdienst GmbH, Hamburg
Satz PostScript Sabon und Frutiger auf Apple Macintosh, QuarkXPress 3.31
Gesamtherstellung Clausen & Bosse, Leck
Printed in Germany
ISBN 3 499 60309 8

Inhalt

Sachen für Kinder: Lust am

Der Star des Kinderfests: Für jeden Treffer gibt es eine Belohnung.

Selbermachen für Kinder, von der Babywiege über das Spielbett mit zwei Schlafkojen bis hin zur Gartenvilla: nützliche Möbel und tolles Spielzeug.

Herrscht in der Werkstatt des Selbermachers geschäftiges Treiben, entsteht dort meistens etwas Nützliches für Haus oder Wohnung. Für Kinder, so belegen Umfragen, greifen die wenigsten zu Hammer und Säge. Das ist auch kein Wunder: Gegen Kunststoffe kann Holz kaum noch konkurrieren. Mag auch sein, daß die Ansprüche an virtuose Ausführung und verläßliche Sicherheit viele Selbermacher davon abhalten, Kindermöbel selbst zu bauen. Doch weder Barbies noch TÜV-Normen sollten den Spaß am Werken für Kinder verderben. Das beste Rezept gegen die Unlust: gute Bauideen und solide Konstruktionen – beides finden Sie in diesem Band. Wie wär's zum Beispiel mit einem Malregal (Seite 30) oder

Die Herausforderung für Könner: Holz-Lkw, der sich auch auf einem Ehrenplatz gut macht.

Bauen und Spaß am Spiel

Endlich Platz für die Eisenbahn: Problem gelöst mit platzsparendem Hochbett.

Die Babywiege, auch ein Stück aus der Werkstatt des Selbermachers.

einem Etagenbett im Brummi-Design (Seite 114)? Oder der Schokokußschleuder – dem Knüller jedes Kinderfests (Seite 82)? Solche Bauvorschläge finden Sie nirgends. Und sie werden Ihnen auch nirgendwo so genau erklärt: Unsere Anleitungen führen Sie Schritt für Schritt zum fertigen Möbel, angefangen bei einfachen Stücken wie der Werkbank (ab Seite 58), den „schlauen" Podestkästen (ab Seite 88) oder dem Klettergerüst für den Garten (Seite 76). Nebenher machen wir Sie mit den wichtigsten Handwerkstechniken vertraut: einfachen Verbindungen mit Holzdübeln und Leim, dem Einsatz von Flachdübeln und Konstruktionen mit Schlitz und Zapfen, der klassischen Verbindungstechnik der Profis. Sie erfahren alles über die gebräuchlichsten Werkzeuge und mit welchen Geräten die Könner arbeiten. Denn wir möchten zumindest eines erreichen: daß Sie die Lust am Werken für Kinder behalten – oder wiedergewinnen.

Die verwandeln jeden Raum: mit mobilen Kästen Podeste bauen.

Ein echter Möbelklassiker:

Ein romantisches Möbel, diese Wiege. Und gar nicht so schwierig zu bauen, wie es auf den ersten Blick scheinen mag. Aus preiswertem Fichtenleimholz werden zwei gleiche Kopfteile und zwei gleiche Seitenteile hergestellt. Bei der Anfertigung dieses schönen Möbels sind Schablonen aus fester Pappe hilfreich.

die Wiege aus Leimholz

Eine Wiege für das Baby – das ist das größte! Lange suchen müssen Sie nicht: Mit unserer Anleitung entsteht unter Ihren Händen dieses tolle Stück.

Das hat Tradition: Neugeborene werden am liebsten in Babywiegen gebettet. Häufig sind diese Möbel Erbstücke, die immer dorthin weitergereicht werden, wo sich gerade Nachwuchs ankündigt. Nur, was ist eigentlich das Besondere an diesem Möbel? In erster Linie natürlich die leichte Schaukelbewegung, die Babys in den Schlaf wiegt. Viel mehr noch als das konventionelle Kinderbett ist eine Wiege auch ein Schmuckstück, seine Form hat sich im Laufe der Jahre nicht bzw. nur unwesentlich geändert. Auch in modern eingerichteten Wohnungen ist dieses Möbel gern gesehen.
Baumaterial für unsere Wiege ist Fichtenleimholz in Dicken von 18 und 28 mm. Weiterhin benötigt werden Leimholzleisten 45 mal 45 mm und Fichtenleisten 20 mal 20 mm. Eine Hilfe beim Bau bzw. Zuschnitt der Teile mit abgerundeten Kanten sind Pappschablonen im Originalmaßstab. Die Konturen für die Kufen, den oberen Rahmen der Kopfteile wie der Seitenteile reißen Sie auf steifen Pappen auf, die dann als Schablonen dienen. Mit diesen präzisen Vorlagen werden die Sägelinien auf das Leimholz übertragen. Auf die gleiche Art übertragen Sie die Abrundung der oberen Beinenden.
Leicht zu bauen sind die beiden Seitenteile der Wiege, deren Außenkanten liegen parallel. Für die beiden Kopfteile fertigen Sie nach den angegebenen Maßen eine Aufrißzeichnung im Maßstab 1:1. So

Leimholz und Leisten aus Fichte sind preiswertes, einfach zu verarbeitendes Baumaterial für unsere Wiege nach traditionellen Vorbildern.

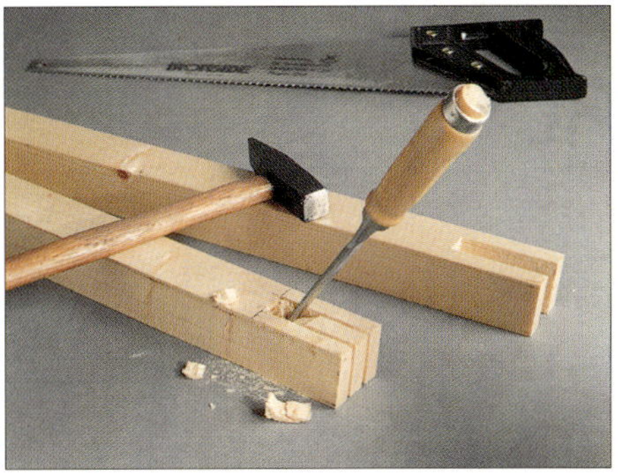

Mit dem Stechbeitel werden, nach Einschneiden mit dem Fuchsschwanz, an den Beinenden die Aussparungen für die Kufen gefertigt.

Mit dem Bandschleifer oder mit Stichsäge und Schleifklotz werden die oberen Rundungen der Beine geformt.

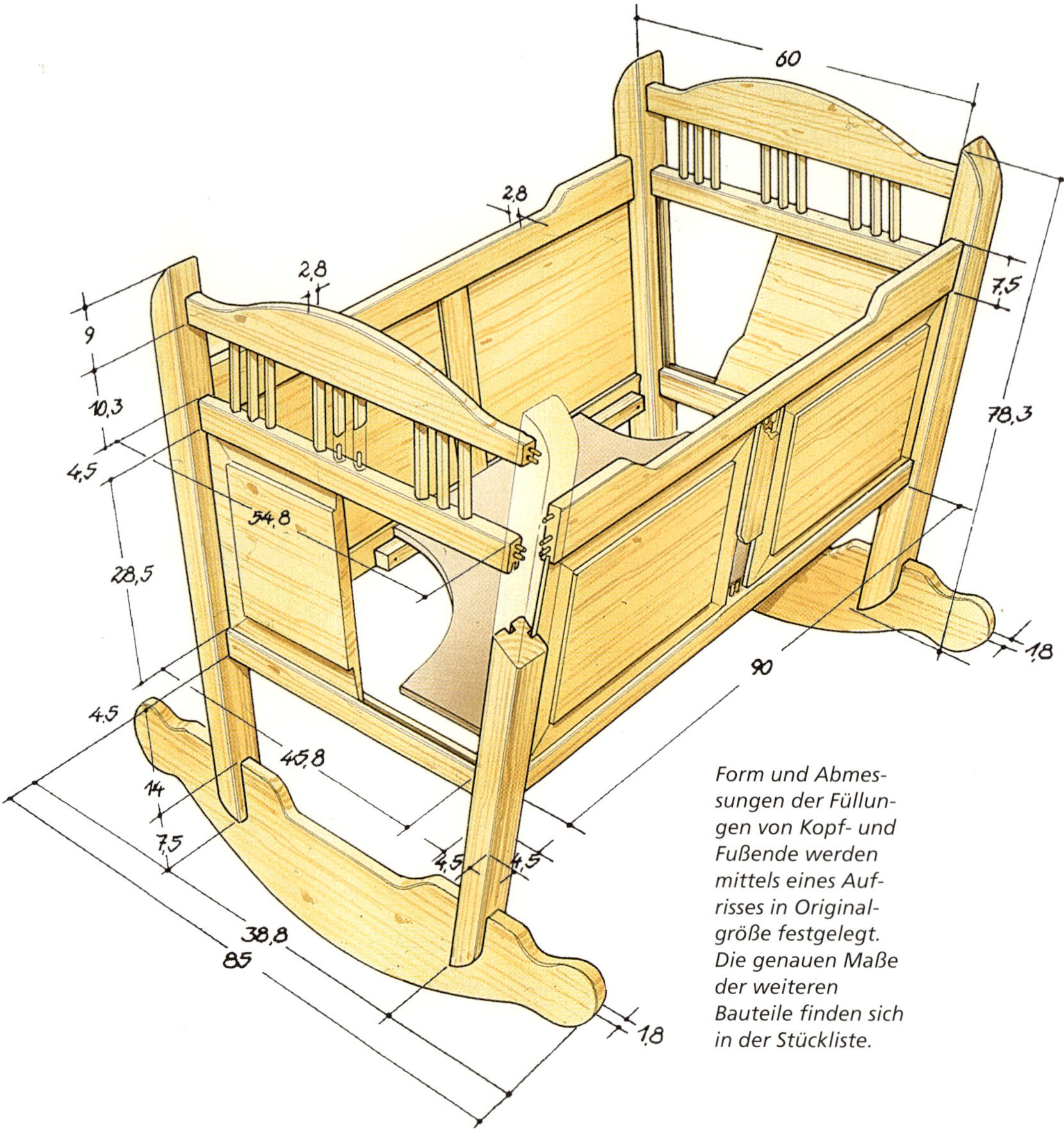

Form und Abmessungen der Füllungen von Kopf- und Fußende werden mittels eines Aufrisses in Originalgröße festgelegt. Die genauen Maße der weiteren Bauteile finden sich in der Stückliste.

können leicht die Schrägen der Rahmenteile und der Füllungen ermittelt und auf das Leimholz übertragen werden.
Beim Bau ist es wichtig, die vorgegebene Abfolge einzuhalten. Die Beine und Kufen vorbereiten, den Aufriß anfertigen, danach Füllungen und Rahmenteile herstellen und die Sprossenrahmen verleimen. Daraus entstehen die beiden identischen Kopfteile. Entsprechend werden die Seitenteile mit jeweils zwei Füllungen vorbereitet und zum Schluß die vier Teile zusammengefügt. Für die Oberflächenbehandlung verwenden Sie Mittel, die nach DIN-Norm speichel- und schweißfest sind und ohne Lösemittel auskommen. Hinweise finden Sie auf den Gebinden und in technischen Merkblättern der Hersteller.

und zeitgemäße Verarbeitungstechnik

Mit der Stichsäge *die aufgezeichneten Konturen ausschneiden, anschließend mit Bandschleifer bzw. Schleifklotz nacharbeiten.*

Ein Aufriß *des Seitenteils im Maßstab 1:1 ist nötig, um die genaue Form und Größe der Füllungen festzulegen.*

Mit der Oberfräse *werden in den Beinen und Rahmen Nuten gefräst, die die abgeflachten Ränder der Füllungen aufnehmen.*

Beine und Rahmenhölzer *werden durch Leim und Dübel miteinander verbunden. Dübelmarker helfen, die Bohrpositionen zu ermitteln.*

Das Abplatten *der Füllungen erfolgt durch jeweils zwei Sägeschnitte. Der Handschutz der Kreissäge muß dafür entfernt werden.*

Die Rahmenteile *werden mit den Sprossen verleimt. Die vielen Dübel fordern zügiges Arbeiten, sonst zieht der Leim zu früh an.*

Jetzt kann der Nachwuchs bald kommen.

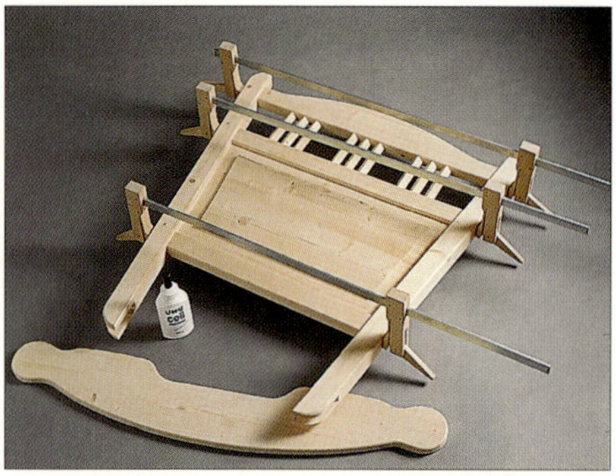

***Sprossenteil,** Füllung und unteres Rahmenteil werden mit den Beinen verdübelt und verleimt, Zwingen sorgen für den nötigen Anpreßdruck.*

***Oberes und unteres Rahmenteil** verbindet der eingedübelte Mittelsteg, die Füllungen garantieren die rechtwinklige Verbindung.*

***Kopfteile und Seiten** werden ebenfalls durch Dübel verbunden. Darauf achten, daß die Bohrungen nicht in die Füllungsnut gehen.*

***Lange Zwingen** oder Spannbänder pressen die Dübelverbindungen bis zum Abbinden des Leims. Auf Rechtwinkligkeit achten!*

Materialliste (alle Angaben in cm)

Pos.	Bezeichnung	Stück	Länge	Breite	Dicke
1	Beine	4	78,3	4,5	4x5
2	Kufen	2	85	15	1,8
3	Seitenrahmen	2	90	7,5	2,8
4	dto.	2	90	4,5	2,8
5	dto. Mittelsteg	2	28	4,5	2,8
6	Kopfteilrahmen	2	60	9	2,8
7	dto.	2	54,8	4,5	2,8
8	dto.				
9	Gittersprossen	18	10	1,8	1,8

Pos.	Bezeichnung	Stück	Länge	Breite	Dicke
10	Füllungen für Seiten	4	44,3	29,6	1,8
11	dto. für Kopfteile (abschrägen)	2	55,5	29,6	1,8
12	Auflageleisten	2	90	2,8	2,8
13	Sperrholz-Matratzenauflage	2	89,5	47	1,2

Dübel Ø 6 und 8 mm, Weißleim, Wachs oder Holzöl nach DIN 53 160

Für jedes Stofftier im neuen

Schöne Aussichten: jedem Tier ein eigenes Zimmer, alle Zimmer mit hervorragendem Ausblick.

Zuhause ein Fensterplatz

Wohin mit den geliebten Stofftieren? Viel besser als in Kisten oder Kartons sind die flauschigen Freunde in dieser originellen Behausung untergebracht.

Tanten, Onkel, Großmütter und Großväter, Freunde und Bekannte: Gilt es Kinder zu beschenken, bringen sie gern einen kleinen Hasen oder einen großen Eisbären mit – Stofftiere kommen bei kleinen Menschen groß an. Und die gerngesehenen Gäste brauchen natürlich ein würdiges Zuhause, denn die besten Freunde bringt man nicht in Schubladen und Kästen unter.

Da kommt unser Vorschlag gerade recht: eine Burg mit vielen Fenstern, Zinnen und Balkonen – ein außergewöhnliche Unterbringungsmöglichkeit für alle Tiere, die heißgeliebten und auch jene, die im Moment nicht zu den erklärten Favoriten zählen. Dort sind sie immer präsent, schnell zur Hand und haben ihrerseits das Kinderzimmer immer „unter Kontrolle“. Form und Größe der Behausung richten sich nach der Zahl der zukünftigen Bewohner, nach dem gleichen Bauprinzip können Sie auch andere Unterkünfte wie beispielsweise einen Leuchtturm gestalten.

Einfach toll: eine Burg, mit der man prima spielen

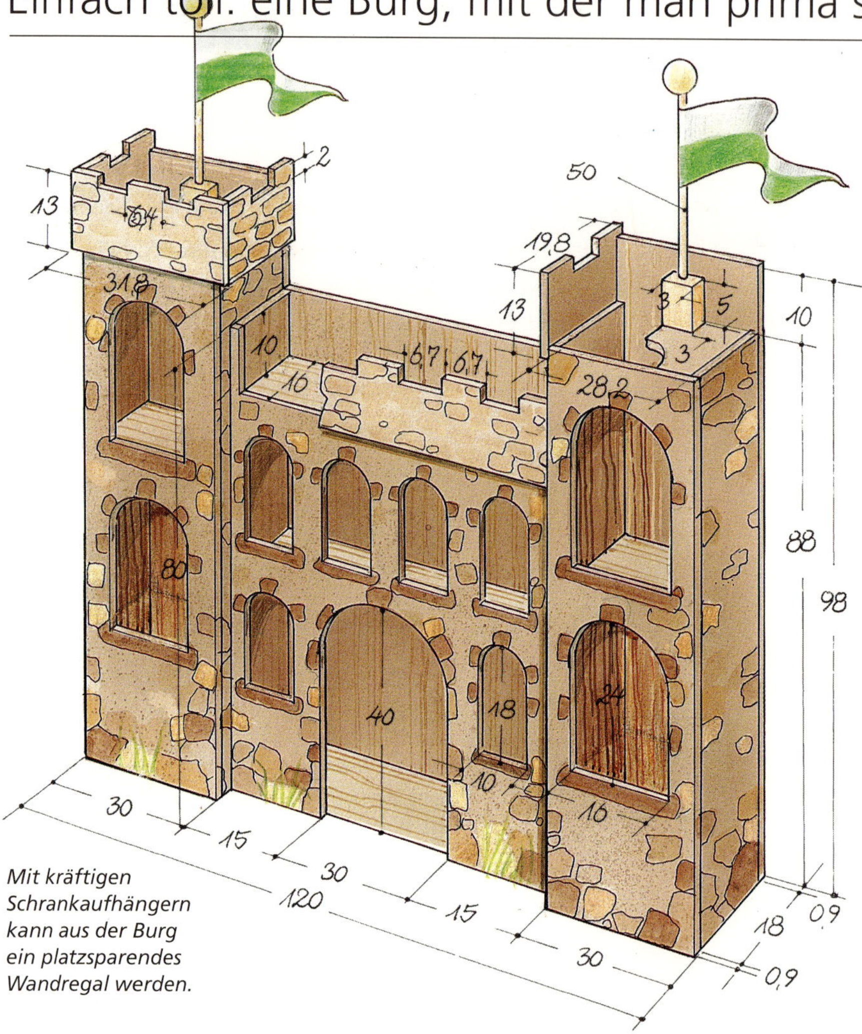

Mit kräftigen Schrankaufhängern kann aus der Burg ein platzsparendes Wandregal werden.

Eine Frage der Technik: preiswertes Baumaterial Holz – und Farbe

Baumaterial für die Stofftierburg ist preiswertes 9 mm starkes Sperrholz. Aus drei Elementen setzt sich die Burg zusammen: zwei gleiche Seitenteile und ein Mittelteil, die nach Fertigstellung miteinander verschraubt werden. Vorher werden die Öffnungen der Burg – das Tor im Mittelteil und die Fenster – aus den zugeschnittenen Platten gesägt und die rauhen Sägekanten mit Schleifpapier leicht angefast. Die Einzelteile aus Sperrholz werden stumpf gegeneinandergesetzt und mit Leim und Nägeln zusammengefügt. Das geschieht am besten mit Drahtstiften, deren gestauchte Köpfe sich leicht flächenbündig einschlagen lassen und später kaum mehr sichtbar sind. Bei der Gestaltung der Oberfläche sind Ihrer Kreativität keine Grenzen gesetzt, die von uns gewählte Bemalung im „Felssteinlook“ ist wirklich einfach und auch von ungeübten Freizeitmalern problemlos zu erstellen. Farbe in kleinen Gebinden (z. B. von Marabu) und feine Pinsel bekommen Sie nicht in jedem Baumarkt, aber ganz bestimmt im Fachhandel für Künstlerbedarf.

und auch noch die Stofftiere verstauen kann

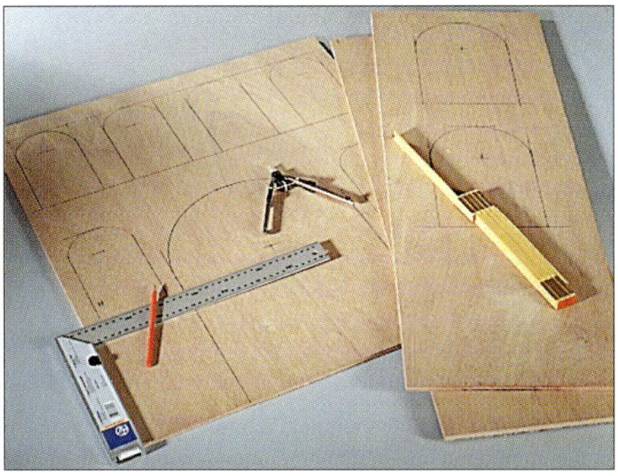

Mit der Kreissäge *werden die Einzelteile entsprechend der Zeichnung zugeschnitten, anschließend die Ausschnitte für Tor und Fenster.*

Stumpf verleimt *und mit Drahtstiften fixiert werden die einzelnen Segmente. Ein zugeschnittenes Restholz dient als Abstandslehre.*

Rückwand *und Front werden ebenfalls aufgeleimt und genagelt. Dadurch wird das Bauwerk stabil und exakt rechtwinklig.*

Die umlaufende Brüstung *der Türme wird von außen angesetzt, so entsteht der glaubwürdige Eindruck eines Mauervorsprungs.*

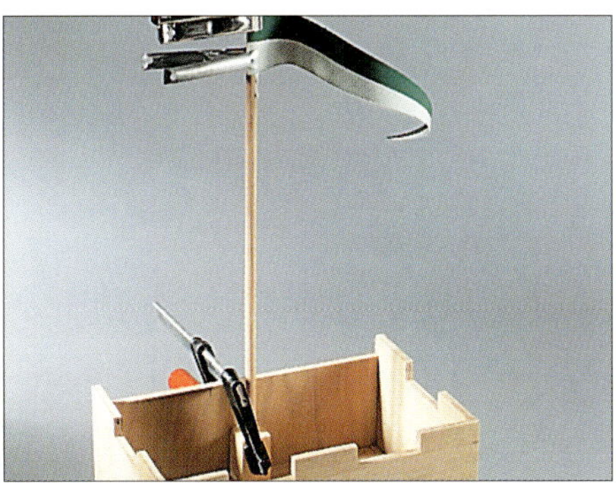

Als Fahnenstange *dienen Rundhölzer, die von innen gegen die hintere Brüstung geleimt werden, eine Holzkugel bildet den Abschluß.*

Die Konturen *der Steine mit Filzstift auftragen, die entstehenden Flächen mit giftfreier Plakatfarbe ausmalen und farblos überlackieren.*

Teddybären

Teddys auf dem Weg nach oben. Die Seilbahn fürs Kinderzimmer hat eine einfache Gondel und einen Aufbau für die Seilführung. Sie besteht aus einem Faden, der durchgesteckt und verknotet wird. Von hier aus läuft er zu den Kurbeln der Tal- und Bergstation und zurück zur Rolle der Gondel.

auf Bergfahrt: die Seilbahn

Ein Spielzeug, das nicht jeder hat: eine kleine Gondel nach den Vorbildern der großen Seilbahnen in den Alpen, einfach konstruiert, leicht zu bedienen.

Zurück aus den Bergen? Bei den Ferien in den Alpen zählt eine Fahrt mit der Seilbahn zu den aufregendsten Erlebnissen – für Kinder sowieso, meist auch für Erwachsene. Wer die Eindrücke noch ein wenig über die Urlaubszeit hinaus nachempfinden oder Kindern einen alpinen Spaß ins Kinderzimmer bringen möchte, baut eine Seilbahn im Teddyformat. Schmucke Gondeln gibt es zwar auch in manchem Souvenirgeschäft vor Ort zu kaufen, aber der Selbermacher will ja auch Bastelspaß in den Freizeitstunden nach dem Urlaub haben. Für die Seilbahn im Kinderzimmer kann man eine weniger kompakte Fahrgastkabine bauen, man verzichtet auf Trägerpylonen, und anstelle eines Elektroaggregats genügen Handkurbeln. Das Material ist ebenfalls den Bedingungen des Zimmeralpinismus angepaßt: Stahl ist nicht nötig, man verarbeitet statt dessen Massivholz in ca. 1 cm Stärke oder Sperrholz (in der Zeichnung auf der nächsten Seite mit einer Stärke von 1,2 cm angegeben). Als Zugseil eignet sich ein kräftiger Faden von ungefähr 4 mm Stärke. Der Aufbau der Anlage ist den großen Vorbildern aus den Alpen abgeguckt: Sie hat eine Tal- und eine Bergstation, beide in Form von Kurbeln, die für Kinderhände ausreichend groß ausgeformt werden, und eine Kabine, die aus Boden- und Dachplatte besteht, dazwischen Dübelstangen als Verstrebungen und ein kleiner Aufbau für die Seilrolle.

Zwei Kurbeln bilden Tal- und Bergstation. Sie bestehen aus der Grundplatte, einer Achshalterung mit zwei Holzplatten und der Kurbelscheibe. Ein Streifen Sandpapier hält das Seil.

Boden und Dach der Kabine bilden zwei Platten gleicher Größe. Die Bohrungen für die Rundstäbe und die Schraublöcher der Seitenverkleidungen auf dem Bohrständer setzen.

Reife Leistung: Der Seilbahningenieur konstruiert

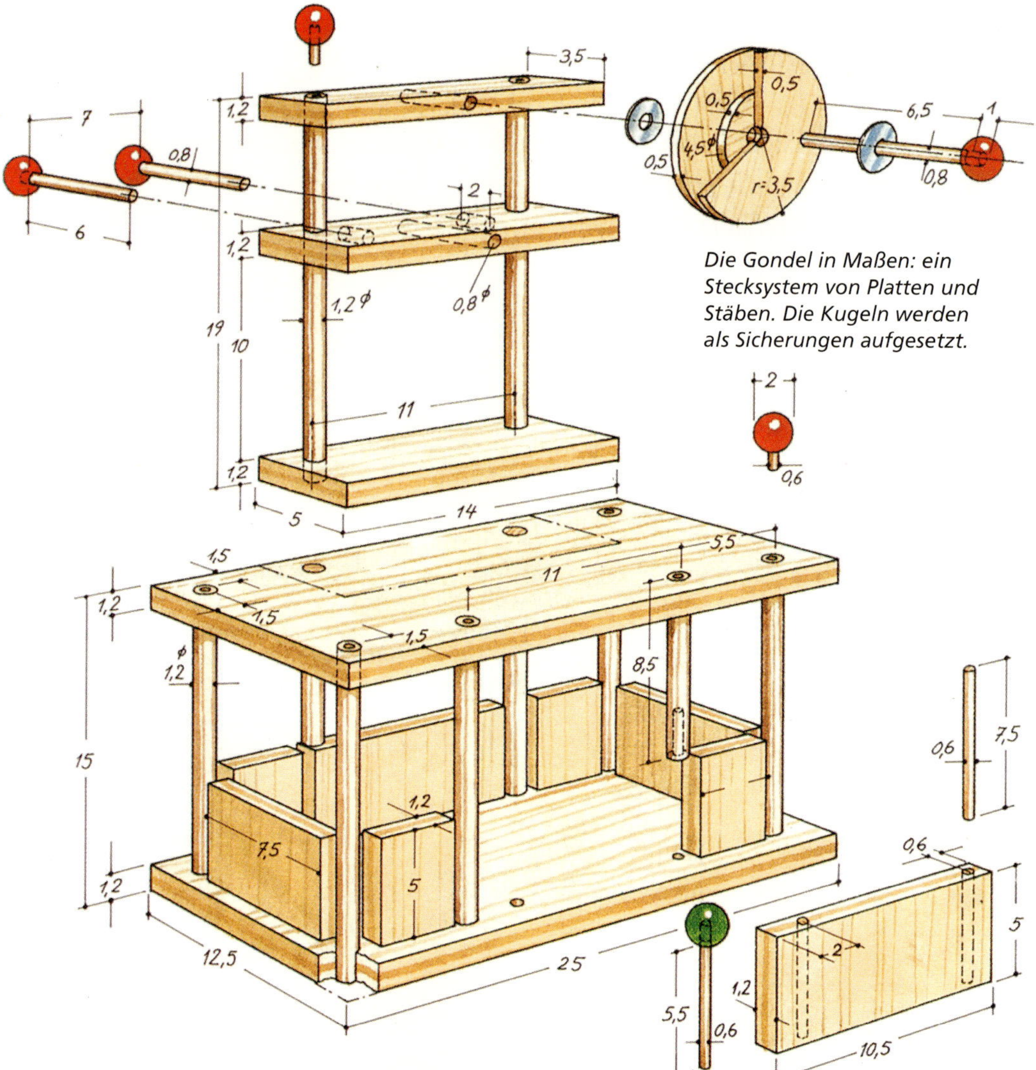

Die Gondel in Maßen: ein Stecksystem von Platten und Stäben. Die Kugeln werden als Sicherungen aufgesetzt.

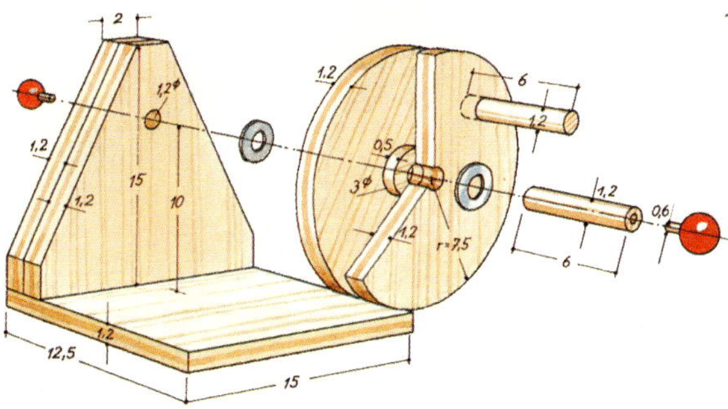

Der Aufbau der Kurbeln: eine Grundplatte und die Achsführung. Damit die Kurbelachse nicht schlackert, wird die Achsführung aufgedoppelt, das heißt aus zwei Plattenstücken gefertigt, so daß mehr Auflage entsteht.

Die acht Rundstäbe, *Durchmesser um 1 cm, werden eingeleimt. Als Scharniere für die Türen dienen 6-mm-Stäbe, die mittig in die großen eingebohrt und -geleimt werden.*

Zum Bohren *der Löcher auf dem Bohrständer benutzt man am besten einen Schraubstock. Keinesfalls frei Hand bohren! Die Bohrungen für die 6-mm-Stäbe können 6,5 mm betragen.*

Die Holzkugeln *wirken zwar wie Verzierungen, aber sie müssen exakt mittig angebohrt werden. Also mit Schraubstock, Bohrständer und nur mit scharfen Bohrern arbeiten!*

Den Bohrpunkt *für den Türriegel mit einem Vorstecher markieren. Er sollte gut in die Bohrung der Tür passen; eine dünne Graphitmine oder eine Nadel ist nicht genau genug!*

Große Kurbeln, kleine Gondel: der kindgerechte Seilbahnbetrieb

Die Seilbahn fürs Kinderzimmer sollte wie jedes Spielzeug kindgerecht konstruiert sein. Sieht man genauer hin, wird klar, daß die Abmessungen der Gondel eher teddygerecht ausgedacht wurden. Denn sie und auch Puppen sind es, die darin befördert werden sollen. Bei Berg- und Talstation geht es allerdings um die Kinder: Die Kurbeln sind extra groß konstruiert, damit sie auch von ganz Kleinen bedient werden können. Die Scheiben haben immerhin 15 cm Durchmesser, die Kurbelstangen rund 6 cm Länge. Sie sind also nicht zu klein für Patschhändchen. Beide Kurbeln sollten eine Kurbelstange haben, denn nichts spricht dagegen, daß zwei Kinder mit der Seilbahn spielen und abwechselnd an ihren Kurbeln drehen.
Damit das Zugseil nicht durchrutscht, werden alle Achsscheiben mit Sandpapier beklebt – ein einfaches Hilfsmittel, das man aber nicht nachträglich anbringen kann, es sei denn mit viel Fummelarbeit. Die Zugkräfte, die das Befördern der Gondel bewirkt, sind hoch, und sie werden um so größer, je schwerer Fahrgäste oder Ladung ausfallen. Deshalb werden die Kurbelstücke besonders fest zusammengefügt: nicht nur mit Leim, sondern auch mit zusätzlichen Schrauben.
Soll die Seilbahn einen festen Standort bekommen, kann man die Grundplatten der Kurbelstationen auf der Unterlage – Regal oder Schrank – festschrauben. Ist mit wechselnden Standorten zu rechnen, fixiert man die Grundplatten am besten mit Schraubzwingen. Dann haben die Seilbahnbetreiber mehr Spielfreiheit.

ihre Fahrgäste im Handumdrehen.

Das Dach der Kabine wird aufgesetzt, wenn die Grundplatte mit Stäben, Wänden und Türen ausgestattet ist. Leim in die Bohrungen geben und die Platte waagerecht ausrichten.

Für die Kurbelscheiben und die Kabinenrolle werden Sperrholzscheiben ausgesägt. Das gelingt mit der Lochsäge, einem Aufsatz für die Bohrmaschine, in passendem Durchmesser.

Der Seilträger auf der Gondel: drei Sperrholzplatten an zwei Stäben. Für die Seilrolle wird oben ein Achsstab durchgeführt (mit Unterlegscheiben), in der Mitte ist ein Loch fürs Seil.

Holzleim und Federklammern genügen zum Befestigen des Seilträgers auf dem Gondeldach. Zum Abschluß werden alle Sägekanten noch einmal sorgfältig auf Grate überprüft.

Spielzeugschrank und

Spielgerät: der Kletterturm

Klettergerüst und Rutsche haben alle Kinder gern. Und warum soll ein Spielturm nicht auch in der Wohnung stehen? Für viel Platz sorgt er außerdem.

Kinder braucht man gar nicht erst zu fragen: So ein Spielgerüst im Kinderzimmer ist garantiert das Größte. Nach Herzenslust rutschen und klettern können sie sonst nur draußen auf dem Spielplatz. Doch in der Wohnung kommen solche Spielmittel selten in Frage, zu groß ist der Platzbedarf. Ganz anders unser Spielturm: Der beansprucht kaum mehr als anderthalb Quadratmeter Standfläche. Natürlich muß man lichten Raum hinzurechnen für die Leiter – schließlich kann man diese Seite nicht vor eine Wand stellen –, und auch die Rutsche beansprucht Platz. Doch bietet der Spielturm Ersatz für den „verlorengegangenen" Raum. Er hat nämlich enorm viel Platz zum Verstauen von Spielzeug: Ganze 16 große Stauboxen kann der Turm aufnehmen. Sie werden in Fächer eingeschoben, die den unteren Raum ausfüllen. Wo Platz keine Rolle spielt und Regale fürs Spielzeug ausreichend vorhanden sind, können die Boxenfächer entfallen. Für die Sicherheit trägt allein schon das Baumaterial Sorge: Die Konstruktion ist stabil und standsicher. Die Pfosten und Querhölzer des Aufbaus bilden eine Balustrade, die rundum durch Stoffbahnen – diese werden mittels Schlaufen in den Bahnen über die Rundhölzer gefädelt – gesichert wird. Und das massive Fichtenleimholz garantiert den Kindern jahrelangen Kletterspaß.

Von allen Seiten gut durchdacht: *Neben Leiter und Rutsche befinden sich Fächer für Spielkisten. Die Rückseite des Spielturms bleibt glatt (oben). Steht der Turm frei, kann man die Garderobe dort anbringen, oder man rückt den Turm mit dieser Front an eine Wand.*

Der Kletterturm entsteht aus massivem Leimholz:

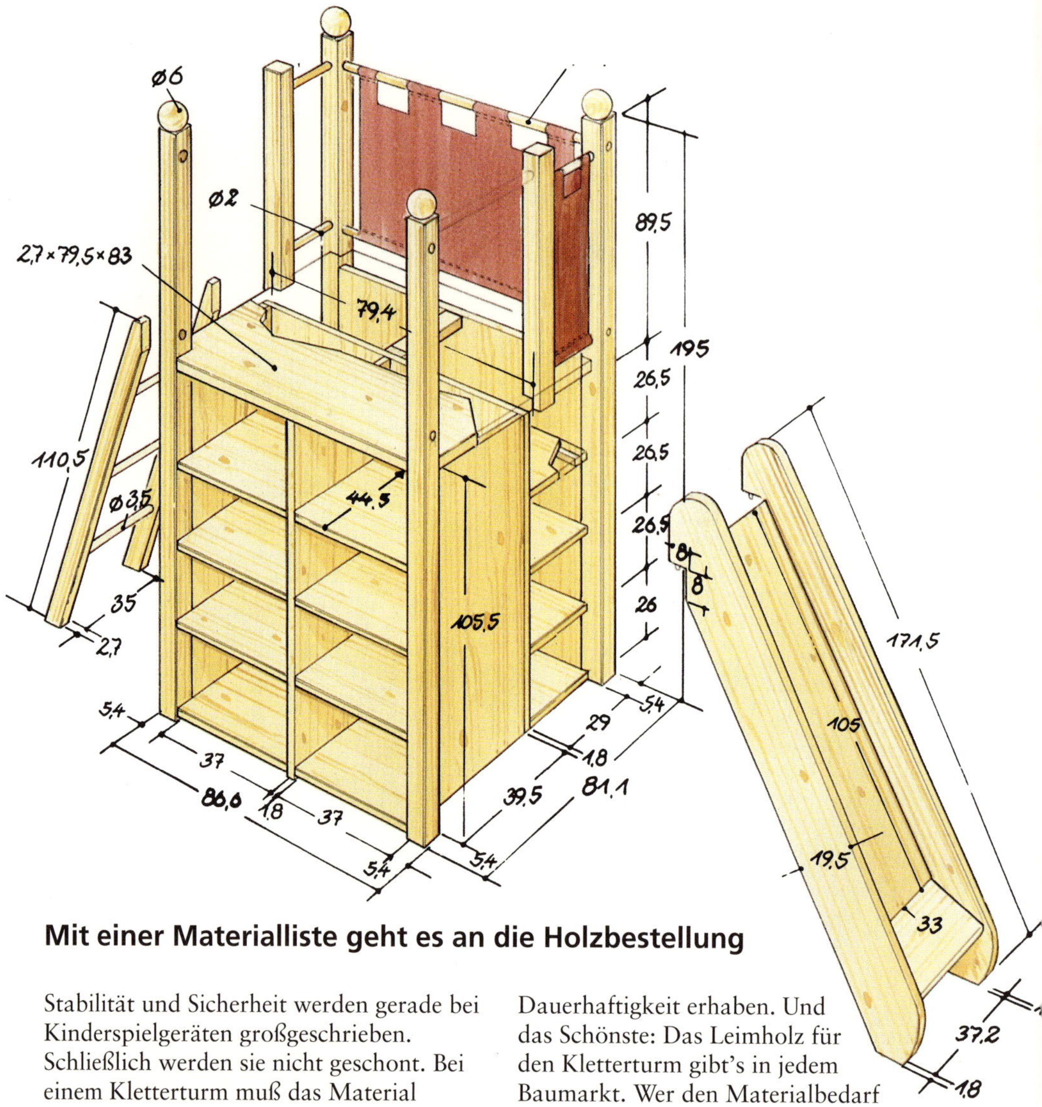

Mit einer Materialliste geht es an die Holzbestellung

Stabilität und Sicherheit werden gerade bei Kinderspielgeräten großgeschrieben. Schließlich werden sie nicht geschont. Bei einem Kletterturm muß das Material starken Kräften standhalten, und das über viele Jahre hinweg. Massives Holz ist da die beste Wahl, nicht zuletzt aber auch, weil es sich vom Heimwerker mit wenigen üblichen Handwerkzeugen und kleinen Elektrogeräten bearbeiten läßt. Sogenanntes Weichholz, das Holz von Kiefer oder Fichte zum Beispiel, eignet sich für den Selbermacher und ist, seiner Fachbezeichnung zum Trotz, über jeden Zweifel an Dauerhaftigkeit erhaben. Und das Schönste: Das Leimholz für den Kletterturm gibt's in jedem Baumarkt. Wer den Materialbedarf genau berechnet, kann sich alle Teile mit einer Bestelliste zuschneiden lassen oder selbst mit einer Tischkreissäge die erforderlichen Holzstücke sägen. Der Holzzuschnitt beginnt mit den Latten, aus denen die Pfosten zusammengeleimt werden. Die Rückwand des vorderen und hinteren Turmsegments muß aus zwei 40 cm breiten Platten zu einer 80 cm breiten Platte zusammengesetzt werden.

ideal zu verarbeiten und griffig beim Spielen.

Die Pfosten, *vier lange, zwei kurze, werden je aus zwei Stücken zusammengeleimt: eine 27 mm dicke Platte in Streifen von 54 mm Breite.*

Zu Kanthölzern *von 54 × 54 mm Dicke werden die Plattenabschnitte verleimt. Mit Schraubzwingen pressen und gleichmäßig ablängen.*

Die Löcher für die Stäbe der Balustrade gehen durchs Holz. Sie werden mit Forstnerbohrer gesetzt, Durchmesser oben 35, unten 20 mm.

Die Böden für die Schrankgefache werden verleimt. Mit dem Fräsvorsatz des Winkelschleifers Schlitze für die Flachdübel einsetzen.

Die Schlitze *in Seiten- und Trennwand trifft man sicher, wenn man die Böden mit den eingesteckten Dübeln auf der Platte festklemmt.*

Ein Schrankteil *wird zusammengesetzt: Alle Wände, die Böden und die Pfosten ergeben ein Bauteil. Knechte fixieren das Werkstück.*

Bei der Turmrückseite wird die Rückwand mit den Pfosten verleimt. Dann Leisten anschrauben und die Böden von unten verschrauben.

Eine aufrechte Strebe, in der Mitte der Böden eingelassen und verschraubt, dient als Stütze. Auch hier halten Tragleisten die Böden.

Der Turmunterbau ist fertig, wenn man Vorderseite und Rückfront vereinigt und Strebe sowie Tragleisten mit der Wand verschraubt.

Maßarbeit in Holz und Stoff

Ob alle Leimverbindungen mit Flach- oder mit Runddübeln ausgeführt werden, spielt für deren Stabilität kaum eine Rolle. Flachdübel haben den Vorteil, daß sie Toleranz für geringe Paßungenauigkeiten bieten, während Runddübel exakt eingesetzt werden müssen. Wenn man sich einen Fräsvorsatz für den Winkelschleifer oder eine Schattenfugensäge besorgen kann, erweist sich das Dübeln mit Lamellos, wie man Flachdübel auch nennt, sogar als praktikabler, da man die Bauteile noch ein wenig zurechtruckeln kann. Flachdübel kommen auch bei der Rutsche zum Einsatz, die oben im Podest eingehakt werden soll, selbstverständlich nicht wackeln darf und auch beim Auslauf mit beiden Beinen auf dem Boden stehen soll. Die übrigen Bauteile setzt man größtenteils mit Schraubverbindungen zusammen. Nicht minder heimwerkerische Fähigkeiten als beim Holzbau sind beim Nähen der Stoffbahnen verlangt, die das Podest umschließen und hier zusätzlich für Sicherheit sorgen. Werden sie aus strapazierfähigem Baumwollstoff und mit soliden Stichen genäht, halten sie den Tobereien der kleinen Kletterer sicher stand.

Auf einen Schutzanstrich kann man beim Naturmaterial Holz eigentlich verzichten, da der Kletterturm im Kinderzimmer ja nicht Wind und Wetter ausgesetzt ist. Jedoch dürften Hände und Füße Spuren hinterlassen. Deshalb bieten sich Holzlasuren auf Wasserbasis an, die das Holz versiegeln und einer gelegentlichen Reinigung mit feuchtem Lappen standhalten (lesen Sie zum Thema Farben im Kinderzimmer auch die Seiten 122 bis 125). Wachse sind ein ausreichender und ein völlig unschädlicher Holzschutz.

Das gibt Sicherheit und hält ewig.

***Die Bodenplatte** des Podests wird aus drei Plattenstreifen, Stärke 27 mm, verleimt. Zwingen von mehr als 90 cm Spannweite ansetzen.*

***Das Podest** wird sauber ausgeklinkt, damit es zwischen den Pfosten eingefügt werden kann. Mit Schrauben am Unterbau fixieren.*

***Die Leiterholme** bekommen Bohrungen von 35 mm Durchmesser für die Sprossen. Leim angeben und mit Zwingen zusammenfügen.*

***Die Wangen** für die Rutsche: Sie werden aus 18 mm dickem Leimholz zugeschnitten. Das Rutschbrett wird mit Flachdübeln eingeleimt.*

***Das Brett am Auslauf** der Rutsche wird sorgsam eingefügt. Hier darf nichts schief geraten! Unterlegbretter stabilisieren die Rutsche.*

***Holzkugeln** bilden den Abschluß der Pfosten. Damit die Dübellöcher exakt mittig gebohrt werden, benutzt man ein Hilfsbrett mit Loch.*

Meisterwerke von der Rolle

Ein Platz zum Malen und Zeichnen, ein Regal mit viel Raum für die Bücher und das Spielzeug – das geht nur mit unserem Malregal.

Ein Malregal, das ist doch sicher wieder eine Wortschöpfung der Selbermacher, werden Sie denken. Und Sie haben recht, wo sonst sieht man Möbel, die so unkonventionell verschiedenste Funktionen vereinen? Und die bekommen dann mitunter etwas eigentümliche Namen.
Das alles interessiert Karlotta überhaupt nicht. Sie findet einfach toll, daß sie hier so viel malen kann, wie sie möchte. Daß es dazu noch ein Regal für ihre Bücher gibt, findet sie durchaus in Ordnung, aber längst nicht so interessant. Ihre Eltern sind begeistert über jedes neue Kunstwerk in Buntstifttechnik – und über die neue Ordnung in Karlottas Zimmer.

Eine Holzachse trägt die Makulaturtapete, zum Wechseln der Rolle wird eine der Kugeln abgezogen und die Achse herausgezogen.

Endloser Spaß am Zeichnen. Die fertigen Bilder werden unten herausgezogen und abgerissen.

– ein Malregal für Künstler

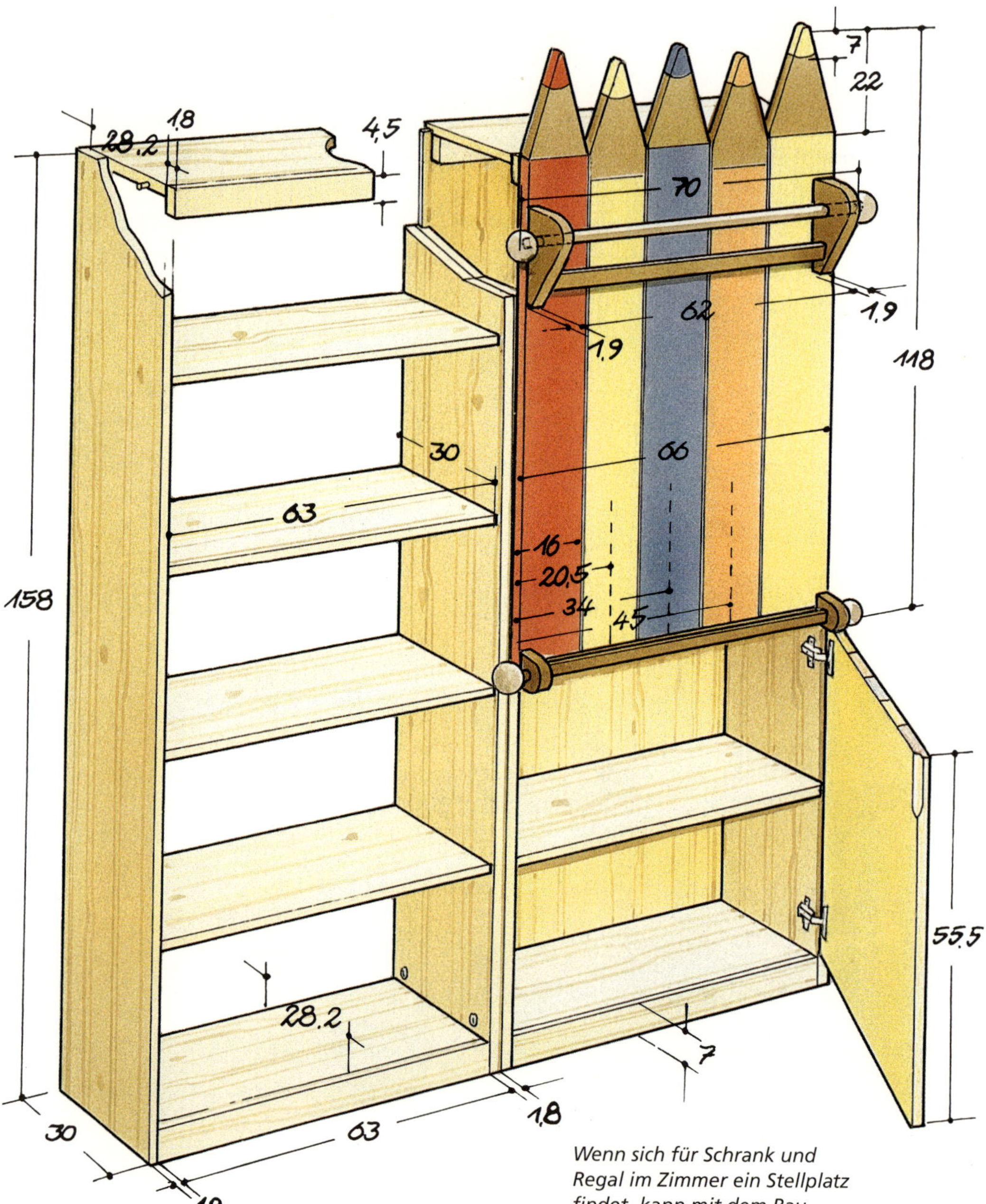

Wenn sich für Schrank und Regal im Zimmer ein Stellplatz findet, kann mit dem Bau begonnen werden. Die nötigen Maße zeigt unsere Konstruktionszeichnung.

Farbe auf die Schrankfront

Dank der einfachen Konstruktion wird der Bau von Schrank und Regal keine Schwierigkeiten bereiten. Die Dimensionen sind so gewählt, daß Sie für die durchlaufenden Seitenwangen Leimholzplatten in 30 cm Breite verarbeiten können, dadurch entfallen Zuschnittarbeiten. Wenn Sie es sich einfacher machen wollen, können Sie vergleichbare Schrankkorpusse preiswert im Möbelhandel erstehen. Dann fällt nur noch der Bau der Tür und das Bohren der Löcher für die Topfscharniere an. Bedenken müssen Sie dann nur, daß sich die Maße der Türen entsprechend den Abmessungen der gekauften Möbel ändern.
Sind die Türblätter fertig zugeschnitten, wird die Fläche zweimal grundiert, dann fein geschliffen. Zwei- bis dreimal muß die Farbe Gelb auf der ganzen Türfläche (nicht auf den Buntstiftspitzen) aufgetragen werden, um die nötige Deckung zu erreichen. Auch die Türrückseiten werden gelb lackiert. Dann können die Felder der anderen Farben – Orange, Rot und Blau – eingegrenzt und mit der Schaumstoffrolle eines nach dem anderen lackiert werden.

Die Rückwand aus Sperrholz wird von einer umlaufenden Nut des Korpus aufgenommen.

Randscharfe Farbtrennungen erreichen Sie, wenn die Felder sauber mit durchsichtigem Band (z. B. Uhu film) abgeklebt werden.

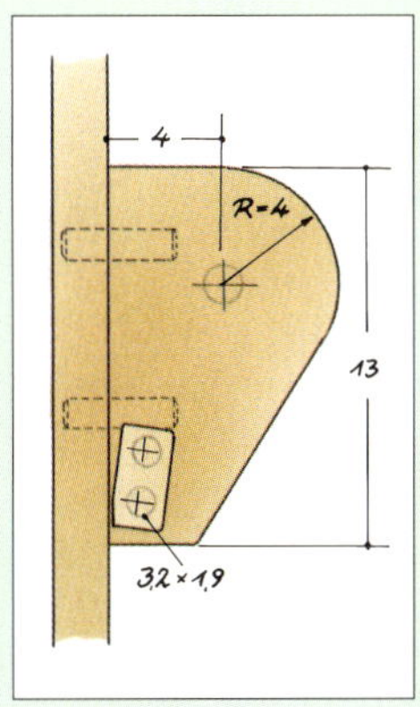

Die Halterung für die Rolle im Detail: Die Einzelteile werden aus einer 19 mm dicken MDF-Platte zugeschnitten, als Achse für die Rolle dient ein glatter Dübelstab mit 12 mm Durchmesser.

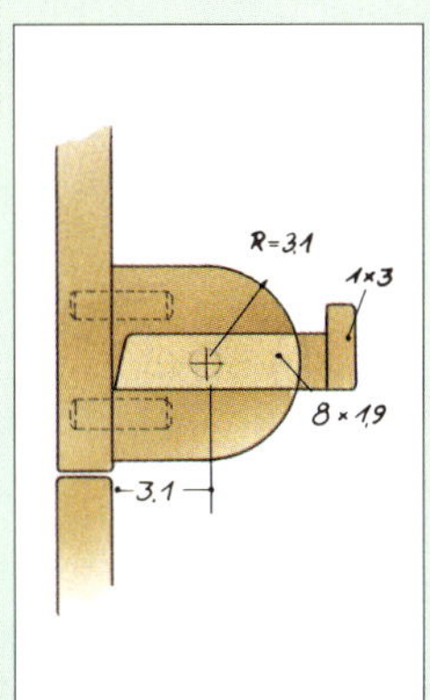

Das untere Ablagebord bekommt eine drehbar gelagerte Abreißkante, die selbsttätig die Zeichenrolle sichert. Beim Einfädeln der Papierbahn wird sie leicht nach unten gekippt.

Das stabile Hochbett

Die Vorzüge des Hochbetts: unten ein schöner Spielplatz mit Ablagebrettern und einer Kasperlewand. Oben eine hohe Reling und genug Platz für die Matratze und eine Ablage. Als Ecklösung die Leiter.

mit Spiel- und Arbeitsplatz

Irgendwann wird es allen Kindern im Babybett zu klein. Ein Hochbett muß her. Wer eine realisierbare Anleitung sucht – bitte schön, hier ist eine.

Ist Ihr Kind drei bis vier Jahre alt? Dann hat es wahrscheinlich schon öfter den Wunsch nach einem größeren Bett geäußert. Die meisten Babybetten sind gerade mal 120 Zentimeter lang – zuwenig für Dreikäsehochs. Eine gute Lösung ist dann das Hochbett. Es macht Kindern Spaß, erhöht zu schlafen, und das Hochbett erweist sich als Platzsparer, da man unten einen Spielplatz einrichten kann.
Für den Heimwerker ist das Hochbett eine lösbare Aufgabe, da es als Rahmenkonstruktion angelegt ist: vier Pfosten, zwischen die Bretter eingelassen werden. Mehr ist bei einem Bett eigentlich nicht zu bewältigen. Sein schönster Vorzug: Das Bett ist variierbar und kann für Schulkinder und Teenager einfach umgebaut werden. Näheres ab Seite 40.

Sichere Stabilität entsteht durch die fest verleimten

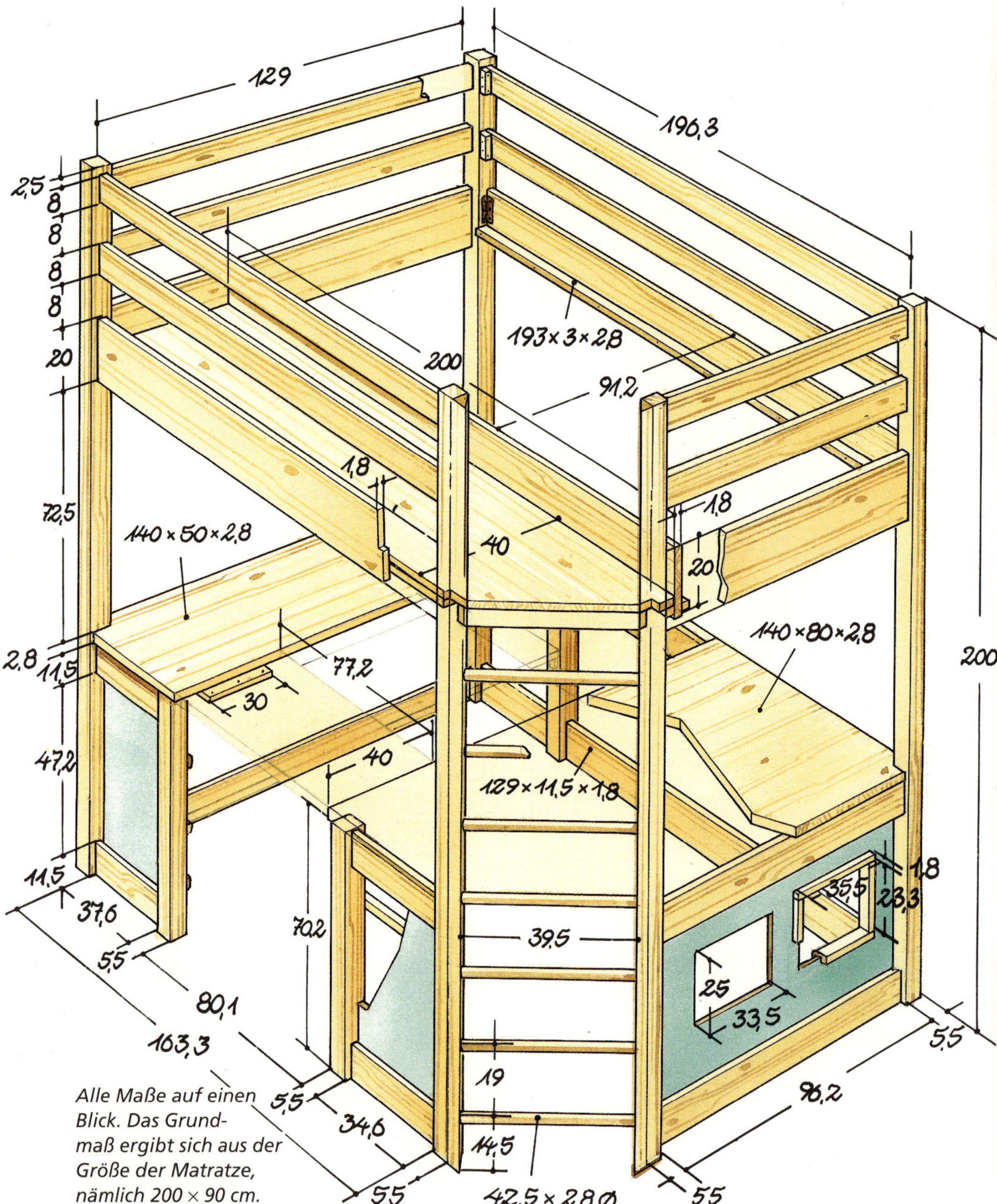

Alle Maße auf einen Blick. Das Grundmaß ergibt sich aus der Größe der Matratze, nämlich 200 × 90 cm. Hier kommen für einen großzügigen Spielplatz in der Breite noch 40 cm hinzu.

Konstruktion nach Standards

Ein Hochbett zu konstruieren ist keine schwierige Aufgabe, denn alle Maße richten sich nach Standards wie Stehhöhe und Matratzengröße. Sie beziehungsweise die Größe des Lattenrosts ist das entscheidende Grundmaß für das Hochbett: Das gängigste Maß beträgt 200 × 90 cm, es liegt auch dem Beispielbett zugrunde. Das Innenmaß des Bettrahmens wird also mit der Auswahl der Matratze festgelegt. Für das Bett in diesem Beispiel wurde eine größere Gesamtbreite, 130 cm, gewählt, um unten ein günstiges Platzangebot machen zu können, etwa damit die Spielzeugeisenbahn aufgebaut werden kann und Kinder noch mittendrin Platz haben. Wer sich so viel Ausdehnung im Kinderzimmer nicht leisten kann, bleibt bei der Grundbreite von 90 cm. Bei 130er Breite ergibt sich neben dem großen Spielraum unten auch oben zusätzlicher Platz – für Bücher, Kuscheltiere und eine Nachttischlampe. Die exakten Maße aller Bauteile sind auf der Zeichnung gut erkennbar. Die scheinbaren Abweichungen vom Grundmaß, etwa die 129 cm lichter Breite statt 130 cm oder die 196,3 cm Länge anstelle von 200 cm oben in der Vermaßung, ergeben sich daraus, daß die Zwischenbretter mittig in die Pfosten eingesetzt werden, wodurch sie etwas zurückspringen und damit Luft hinzukommt. Als Mindesthöhe von der Liegefläche zur Zimmerdecke sollten mindestens 90 cm veranschlagt werden. Wer mehr Raumhöhe zur Verfügung hat, kann längere Pfosten wählen, wer in niedrigen Raumverhältnissen wohnt, kann das Konstruktionsprinzip des Hochbetts für ein normales Bett abwandeln. Dann wird einfach kürzer geplant.

Dübelverbindungen halten alles zusammen. Die Löcher werden am Bohrständer gebohrt, die Positionen mit Dübelmarkern bestimmt.

Mit großen Zwingen oder Spannbändern fixiert man die Querbretter an Kopf- und Fußteil mit den Pfosten. Leim gut trocknen lassen.

Die Längsbretter werden mit Einhängbeschlägen festgemacht, die Reling mit Klötzen. Auflageleisten für den Lattenrost anschrauben.

Kurze Pfosten sind unten nötig, um die Trageleisten für den Einlegeboden aufzunehmen. Die Seitenteile mit Sperrholzwand einhängen.

In die Sperrholzfüllungen am Fußende kommen zwei Fensterausschnitte. Mit der Stichsäge ausschneiden und mit Leisten auskleiden.

Bretter und Spezialbeschläge

Baumaterial für das Hochbett sind Leimholzstützen, 5,5 × 5,5 cm stark, Leimholzbretter in 1,8 und 2,8 cm Dicke aus Kiefer und 1 cm dickes Sperrholz für die Füllungen. Das Bett wird in vier fest verleimten Elementen gebaut, die dann mit Hilfe von Einhängbeschlägen und Schrauben trocken, also ohne Leim zusammengefügt werden. Das erste Element ist das 130 cm breite Kopfende, das zweite das ca. 100 cm breite Fußende, und das dritte ist das Seitenteil neben der Leiter. Sie verbindet als viertes Element Fußende und Seitenteil im Winkel von 45 Grad und wird dort verschraubt. Die Bettseiten werden mit Hilfe der Einhängbeschläge zwischen Kopf- und Fußteil gesetzt. Man bekommt diese Teile in Baumärkten, im Beschlägehandel oder in Eisenwarengeschäften. Damit sie nicht ausgehängt werden können, sind die Bretter der Reling mit verschraubten Eckklötzen befestigt. Auch die Teile der Spielebene werden trocken verschraubt und die unteren Seitenfüllungen aus Sperrholz mit Halteleisten eingesetzt.

Mit Halteleisten, die seitlich überstehen, werden die Füllungen zwischen den Pfosten verschraubt. Das Sperrholz ggf. vorher streichen.

Die Ablage neben dem Bett besteht aus einer 40 cm breiten Leimholzplatte, die an der Einstiegseite auf 45 Grad abgeschrägt wird.

spätere Demontage – für Umbau oder Umzug.

Die Arbeitsplatten bekommen Aussparungen, die um die Pfosten greifen. Die Befestigung an Pfosten und Zargen erfolgt mit Winkeln.

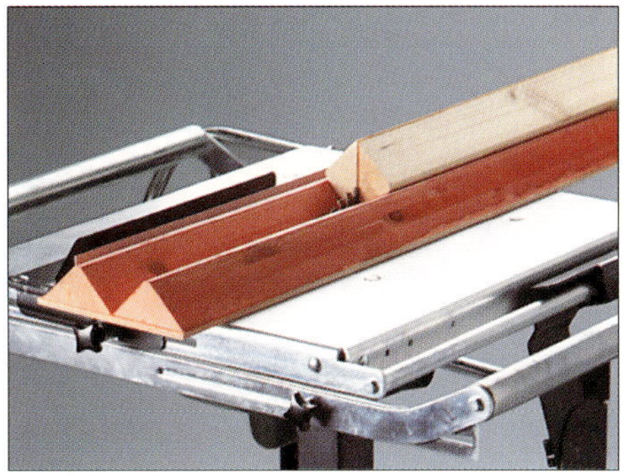

Auf der Tischkreissäge entstehen die Leiterholme: Mit Hilfe einer Führung aus Dreiecksleisten wird ein Pfosten diagonal aufgetrennt.

Die Sprossenlöcher in den Holmen werden mit Hilfe derselben Führung eingesetzt. Bohrständer und 28er Forstnerbohrer verwenden.

Die Rundholzsprossen ablängen, in die Holmlöcher einleimen und zusätzlich mit einer von der Seite eingedrehten Stichschraube sichern.

Die Holme der Leiter werden an die Eckpfosten des Bettes geschraubt. Nicht verleimen, wenn später evtl. demontiert werden soll.

Die losen Platten im Spielbereich einlegen. Die Holzoberfläche kann vor der Endmontage mit Holzwachs oder Lasur behandelt werden.

Mit Regal und Arbeitsflächen entsteht ein Platz für

Für Teenager: *Zwei Arbeits- und Spielflächen sowie ein Regal passen das Hochbett den Bedürfnissen seiner älteren Benutzer an.*

Ein Regal wird neu eingebaut

Das Hochbett aus stabilem Kiefernholz hält viele Jahre. Wenn die Spielfläche für Schulkinder ab ca. acht Jahren nicht mehr paßt, muß nicht gleich das ganze Bett einer neuen Lösung weichen. Man tauscht statt dessen nur im unteren Bereich einige Teile aus und ergänzt sie sinnvoll nach den neuen Bedürfnissen – aus dem Spielplatz wird ein Spiel- und Arbeitsplatz. Der Arbeitsaufwand für den Umbau ist gering: Die Zwischenplatten werden herausgenommen, und es wird ein Regal eingebaut.

Die ohne Leim eingesetzten und nur verschraubten Einlagen zwischen den beiden Arbeitsplatten werden herausgenommen. Die Auflageleisten werden entfernt und die vorhandenen Schraubenlöcher übergeschliffen, ggf. zuvor mit Holzspachtel ausgefüllt, damit man sich nicht an Splittern verletzen kann. Die Höhe der Arbeitsplatten ist mit 73 cm gerade in der ergonomisch günstigen Schreibtischhöhe. Die Tiefe der großen Arbeitsplatte mit 80 cm ist zum Basteln, Spielen, Arbeiten ideal – genug Platz, um Bücher und Schulhefte ausbreiten zu können. Und sie reicht auch zum Aufstellen eines Computermonitors und einer Tastatur. Rechner und Drucker können auf einem Container unter der Platte ihren Platz finden. Das zusätzliche Regal wird so gebaut, daß es an beiden Seiten auf den Tischplatten aufliegen kann. Die links und rechts von dem Regal verbleibenden Wandflächen können für eine kleine Pinnwand oder als Dekoflächen für Bilder, Kalender oder Figuren genutzt werden. Die Tiefe des Regals ist mit 20 cm so bemessen, daß nicht zuviel Platz verlorengeht, aber normale Bücher sicher stehen (die meisten Bücher haben eine Breite von ungefähr 20 cm, Taschenbücher oft sogar erheblich weniger). Damit das Regal nicht nach vorn kippen kann, wird es mit Winkeln an der Wand befestigt. Als Verbindungen der Regalböden mit den Seitenteilen wurden Flachdübel, auch Lamellos genannt, verarbeitet. Sie werden in schmalen Schlitzen verleimt und bieten hohe Stabilität. Wer über keine spezielle Fräse zum Einlassen der Verleimschlitze verfügt, kann auch die bekanntere Verbindungsart mit Rundholzdübeln anwenden.

Mit einem Vorsatz *für den Einhandwinkelschleifer werden die Verleimschlitze für die Flachdübel in Böden und Seiten eingefräst.*

Das Regal *aus Böden und Seitenteilen wird fest verleimt. Dazu lange Schraubzwingen ansetzen, winklig ausrichten und festklemmen.*

Alle Kanten *und Übergänge werden per Hand oder mit einem Elektroschleifgerät gesäubert und bündig geschliffen. Staub gut absaugen.*

Im Sommerhaus ist für

Etwas Arbeit gibt es auch im Kinderhaus. Aber hier wird sie natürlich gern erledigt!

Kinder jeder Tag wie Ferien.

Der Traum aller Kinder: ein Haus, das nur ihnen gehört und in dem sie ungestört Geschichten erzählen, spielen oder lesen können.

Nur auf besondere Einladung (oder wenn sie ein ganzes Tablett mit Kuchen und Kakao mitbringen) haben Erwachsene Zutritt zum Sommerhaus, das mit seiner sonnigen Farbe und dem vielen Weiß so schön an die letzten Ferien in Dänemark erinnert. Denn die Eigentümer sind noch nicht ganz 10 Jahre alt und glücklich, daß sie hier das alleinige Hausrecht haben. Nur einer hat immer freien Eintritt: der Vater, Onkel oder Opa, der das Haus gebaut hat. Perfekt und sehr gemütlich, mit Veranda, Klöntür und Klappläden ist es bei Sonnenschein ebenso schön wie bei Regenwetter. Der Innenraum ist sogar groß genug, um darin mit den besten Freunden Ferien zu machen.

An dem Haus haben alle ihren Spaß: der Papa oder

Nach der Zeichnung wird die Einkaufsliste für das Material zusammengestellt, das es im Baumarkt gibt.

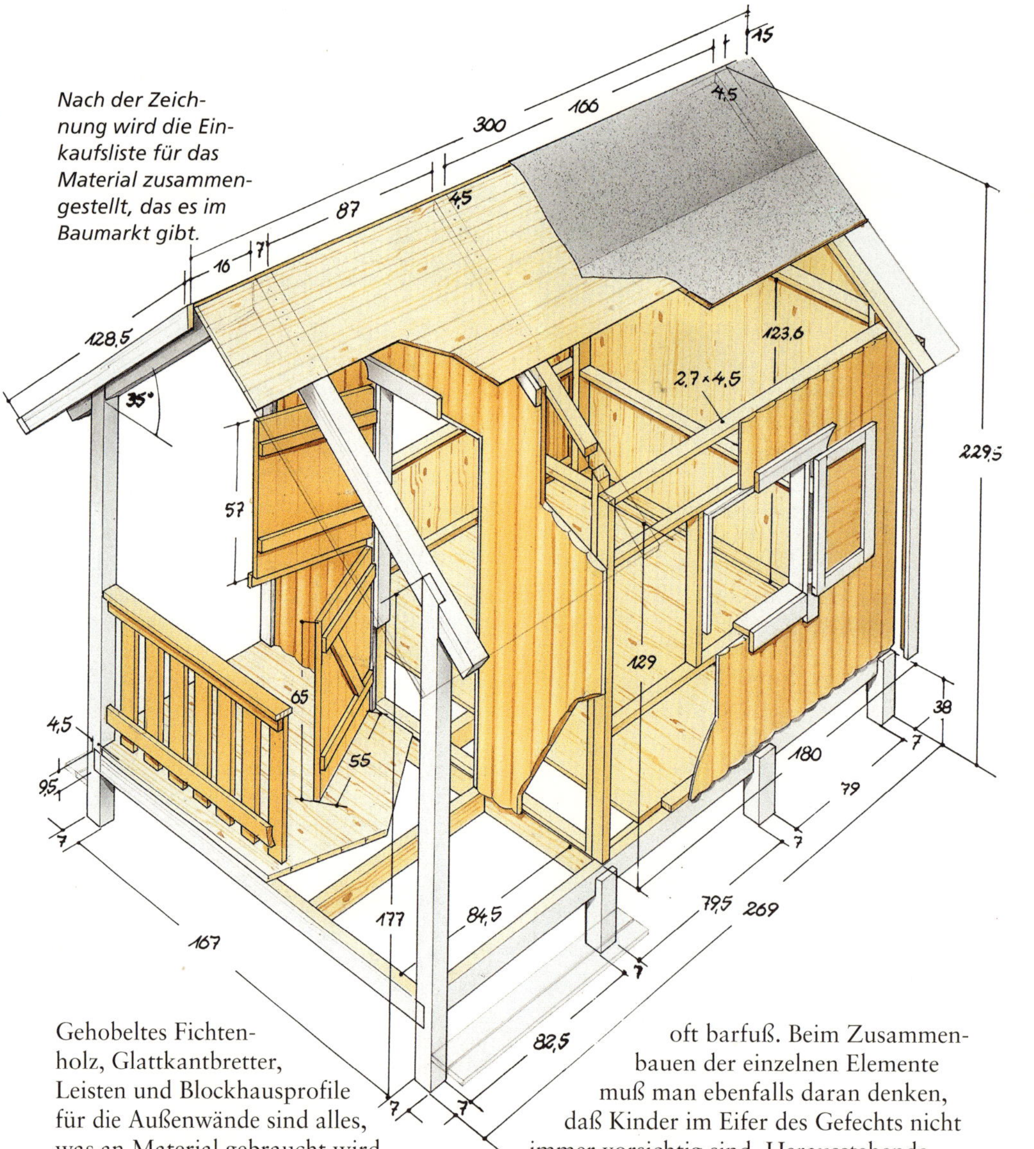

Gehobeltes Fichtenholz, Glattkantbretter, Leisten und Blockhausprofile für die Außenwände sind alles, was an Material gebraucht wird. Damit das Haus kindersicher wird und auch stürmische Spiele aushält, sollten die Maße unverändert übernommen werden. Wichtig ist die Qualität des Baumaterials: Alle Bretter und Kanthölzer müssen glatt geschliffen sein und dürfen keine scharfen Kanten haben. Das gilt besonders für die Bodenbretter, denn im Sommer laufen die Hausbesitzer oft barfuß. Beim Zusammenbauen der einzelnen Elemente muß man ebenfalls daran denken, daß Kinder im Eifer des Gefechts nicht immer vorsichtig sind. Herausstehende Schrauben- oder Nagelköpfe können schlimme Verletzungen verursachen und müssen deshalb sorgfältig versenkt werden. Ist das Haus für sehr kleine Kinder gedacht, müssen noch Stufen an die Stützen angebaut werden, die den Weg auf die Veranda erleichtern. Oft sind auch Griffe an den Pfosten praktisch, die den Aufstieg sicherer machen.

der Opa beim Bauen und die Kinder beim Spielen.

Der schönste Spielplatz liegt im eigenen Garten. Egal, ob die Sonne scheint oder es regnet, das Spielhaus ist immer eine attraktive Alternative zum Zimmer im Wohnhaus, denn hier sind die Kleinen ungestört, können sich zum Lesen oder Spielen zurückziehen, mit ihren Freunden wichtige Probleme besprechen oder geheime Pläne aushecken.
Das Haus ist mit einer Grundfläche von 270 × 190 cm groß genug für alle diese Aktivitäten, aber immer noch so klein, daß sich in jedem Garten ein Platz dafür findet. Wird es nicht mehr gebraucht, kann es leicht abgebaut werden, denn es ist wie ein Fertighaus in Modulbauweise errichtet. Alle Wände werden in der Werkstatt oder auf der Terrasse vormontiert und auf der „Baustelle" nur noch zusammengeschraubt. Das erleichtert den Bau ganz erheblich. Direkt an Ort und Stelle wird nur der Unterbau hergestellt, denn die Stützen müssen gut im Boden verankert werden.
Ein großer Vorteil der Elementbauweise liegt in der Materialersparnis: Da die Einzelteile in sich sehr stabil konstruiert sind, kommt man mit geringeren Materialstärken aus. Außerdem kann jede Wand für sich noch einmal sorgfältig auf der Innenseite geschliffen werden, solange sie noch flach auf dem Boden oder zwei Böcken liegt und gut von allen Seiten zu erreichen ist. Auch Tür und Fenster sowie die Klappläden werden fix und fertig vorbereitet, bevor sie eingesetzt werden.
Den letzten Schliff bringt der Anstrich. Um Arbeit zu sparen, werden Fenster- und Türblenden ebenfalls vor der Montage in einer Kontrastfarbe gestrichen.

__Mit Überblattungen__ werden die 7 × 7 cm starken Konstruktionshölzer verbunden, die den Dachüberstand der Veranda tragen.

__Blockhausprofile__ zum Verkleiden der Wände geben dem Haus einen rustikalen Charakter. Fenster- und Türöffnungen aussparen.

__Die Lattenrahmen__ der Fensterläden werden exakt ausgefälzt, damit die Blockhausprofile bündig eingeleimt werden können.

Wenn Rahmen und Bodenkonstruktion des Sommerhauses erstellt sind, werden Wände und Geländer angeschraubt.

Der richtige Bauplatz: Eine ungestörte Ecke mit ebenem Boden

Es wird nicht viel Platz für das Spielhaus gebraucht, doch er sollte gut ausgesucht werden. Die wichtigste Voraussetzung ist eine ebene Fläche, auf der die Stützen des Fußbodens leicht waagerecht ausgerichtet werden können. Kleine Unebenheiten lassen sich mühelos ausgleichen, größere gefährden aber die Standsicherheit, weil die Pfosten dann unter Umständen nicht mehr tief genug verankert sind. Rund um das Haus wird natürlich auch gespielt, und deshalb sollte die Fläche hier möglichst grasbewachsen und frei von spitzen Steinen und Wurzeln sein, die zu Stolperfallen werden können. Ist der Bauplatz in diesem Sinne nicht geeignet, sollte man ihn mit einer dicken Schicht Erde abdecken und neu einsäen. Auf diesem Platz können die Kinder dann auch unbeaufsichtigt spielen, ohne daß Gefahr besteht.

Der Boden *entsteht aus massiven Konstruktionshölzern. Die Stützen werden unter den Rahmen geleimt und zusätzlich verschraubt.*

Das Geländer, *das zusammengeschraubt wurde, wird mit den überstehenden Querstreben in die Giebelpfosten eingelassen.*

Die Fensterblenden *sind von außen angeschraubt. An ihnen werden die Scharniere der Klappläden befestigt.*

Die Dachfläche *ist mit Rauhspundbrettern gedeckt, die mit verzinkten Senkstiften auf die Rahmenhölzer der Giebel genagelt sind.*

Wirksamer Wetterschutz ganz ohne Gift

Bauten aus Holz, die im Freien stehen, müssen gegen Feuchtigkeit und UV-Strahlen geschützt werden. Kommen Kinder damit in Berührung, scheiden gifthaltige Anstriche aus. Deshalb wurde das Kinderhaus mit wasserverdünnbarer Consolan-Wetterschutzfarbe gestrichen, die keine Wirkstoffe enthält. Die Wände im Innern bleiben unbehandelt, können aber auch mit Öl geschützt werden.

Bitumenbahnen *machen das Dach wetterfest. Die obere Bahn überlappt die untere, die Kanten sind mit Pappstiften befestigt.*

Ein Gast nach Maß:

Höhenkontrolle: *Mit diesem Vogel kann man den Kindern wirklich beim Wachsen zusehen – die Markierungen auf der Tapete zeigen es.*

Von der Vorlage, *die per Fotokopierer auf den Originalmaßstab vergrößert wird, die Konturen auf das Holz übertragen und aussägen.*

Eine Gewindemuffe *in der Halskrause nimmt die Flügelmutter auf, mit der die Halsstange in der Höhe verstellt werden kann.*

Die verstellbare *Halsleiste, Querschnitt der Leiste 30 × 30 mm, wird von den Beinleisten, ebenfalls 30 × 30 mm stark, eingefaßt.*

spaßiger Vogel im Zimmer

Dieser Vogel zeigt Format, nämlich das der kleinen Zimmerbewohner. Jeder Zentimeter Wachstum wird festgehalten, so viel Spaß kann Messen machen!

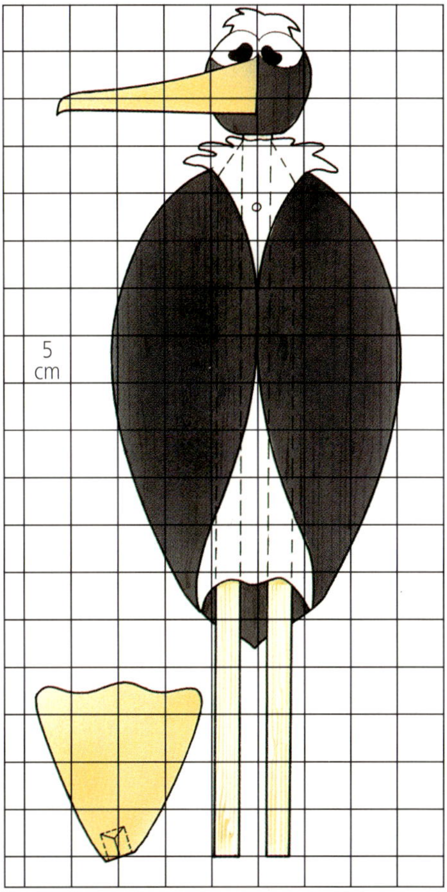

„Bist du aber groß geworden, man kann ja förmlich zuschauen, wie du wächst." Die Begrüßungsformel der Verwandten und Bekannten, die den Nachwuchs über einen längeren Zeitraum nicht gesehen haben, bekommt mit unserem spaßigen Vogel eine neue Bedeutung. Den Kindern bereitet es großes Vergnügen zu kontrollieren, ob die zuletzt ermittelte Höhe noch Gültigkeit hat – und ein angenehmer Mitbewohner im Kinderzimmer ist der spaßige Vogel allemal. Zum Messen wird der klappbare Kopf des Vogels auf den Kopf des Kindes gestellt und mit der Flügelschraube arretiert. Der zur Seite geklappte Schnabel zeigt auf dem Maßband die Größe an. Mit dem Bleistift werden Größe und Datum auf der Tapete notiert, sozusagen als Beleg.

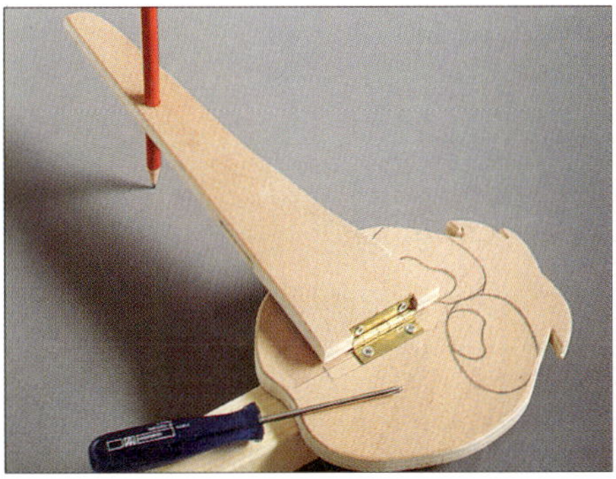

Die Ansatzfläche für das Scharnier und die Meßkante bilden einen rechten Winkel. Eine Bohrung im Schnabel nimmt den Bleistift auf.

Die Füße sind aus Filz. Nach Schablone werden sie aufgezeichnet, mit der Schere ausgeschnitten und am Holzkorpus festgeklebt.

Die Schnurgeister sind der

Das sind sie, die Schnurgeister. Nach dem Basteln der Masken folgt die Generalprobe vor dem großen Auftritt beim Kinderfasching. Die Luftballons sind nicht bloß Dekoration, sondern eine wichtige Hilfe beim Maskenbau.

große Spaß beim Fasching

Eine einfache Idee, ein paar Kniffe beim Bauen, und schon gibt es beim Kinderfasching ganz und gar Ungeheuerliches zu sehen: Die Schnurgeister sind los!

Pirat, Clown, Teufel oder Indianer, das sind bei Kindern beliebte Verkleidungen für das bunte Faschingstreiben – noch mehr Freude versprechen unsere Fabelwesen.
Bis die Verkleidung getragen werden kann, vergehen einige Bastelstunden. Schwer zu sagen, ob der Spaß beim Tragen oder beim Anfertigen der phantasievollen Köpfe größer ist. Eines ist klar: Bei der Wahl zum lustigsten Faschingskostüm wird der Schnurgeist ganz vorn landen.
Für die Masken benötigen Sie Sisalschnur und Holzleim, mehr nicht. Hilfen bei der Herstellung sind Luftballons und ein Leimautomat, das ist eine modifizierte Leimdose. Wie die aussieht und die weiteren Tricks und Kniffe sehen Sie auf den nächsten Seiten.

Leim und Sisalschnur sind beim Bau der Masken

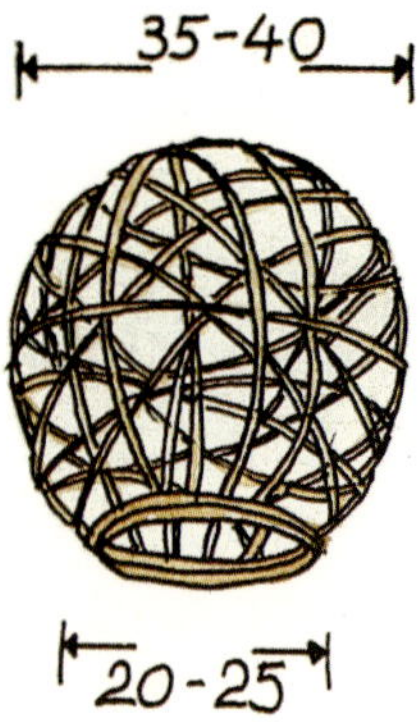

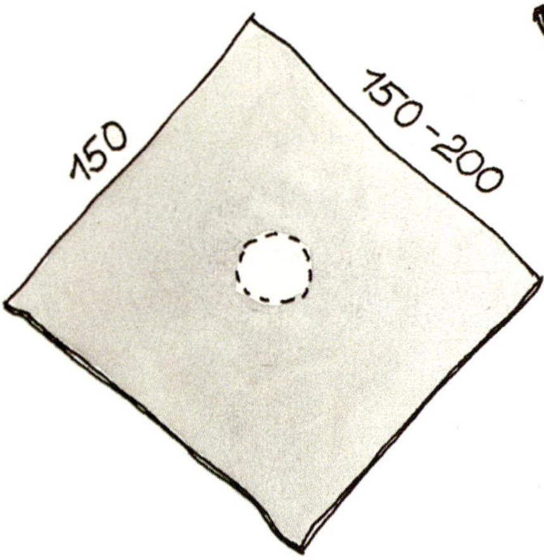

Richtig gespenstisch wird es natürlich erst mit dem passenden Umhang. Das können alte Bettlaken oder -bezüge sein, die bemalt werden, oder preiswerte Stoffe aus dem Kaufhaus. Der zugeschnittene und mit dem Loch zum Durchschlupfen versehene Umhang wird mit Nadel und Faden oder mit Kleber an den Masken befestigt.

***Boden und Deckel** einer Leimdose durchbohren und die Schnur einfädeln, die getränkte Schnur um den Ballon wickeln.*

***Auf einer glatten Unterlage** Augen, Ohren und Mund aus flach gewickelter Schnur formen. Nach dem Trocknen kann bemalt werden.*

Mit viel Schnur und viel Kleber

Bevor es an das Bauen geht, müssen noch ein paar Vorbereitungen getroffen werden. Zuerst muß die Umgebung geschützt werden, denn Leimspritzer auf Küchen-, Eßzimmertisch oder Fußboden sind beinahe unvermeidlich, kann es doch beim Basteln recht turbulent zugehen.
Boden und Deckel des Leimtopfs werden im Durchmesser der Sisalschnur durchbohrt, eine Eintritts- und eine Austrittsöffnung. Die gefüllten Luftballons dienen als Formkern, eine kleine Kunststoffschale oder ein Stück einer Papprolle als Arbeitsstativ. Wenn die leimgetränkte Schnur getrocknet ist, wird die Luft aus dem Ballon gelassen. Mit der Heißklebepistole lassen sich Mund, Nase, Augen und Ohren auf den Kugelkopf kleben. Wer keine Klebepistole besitzt, kann auch für diese Arbeit den Leim nehmen. Dann müssen die Teile, zum Beispiel mit Stecknadeln, bis zum Aushärten fixiert werden. Farbe auftragen, die Frisur richten und den Umhang überwerfen – dann kann der Faschingsspaß losgehen.

Nach dem Trocknen über Nacht kann der Ballon entnommen und mit dem Messer eine Öffnung für den Kopf geschnitten werden.

Mit Heißkleber Mund, Nase, Augen und Ohren auf den Kugelkopf kleben. Das geht auch mit Leim, wenn die Teile gut fixiert werden.

Ein tolles Ergebnis: Ganz nach persönlichem Geschmack wird Schminke aufgetragen und die Frisur in Ordnung gebracht.

Frisur wie ein Clown: Auch die Strähnen entstehen aus Sisalschnur, sie werden sorgfältig entflochten und mit Kleber eingepflanzt.

Ein stabiles Spielzeug: der

Klar zum Start. Der Hubschrauber mit Kufen, Rotor und einer Handkurbel steht bereit zum Abheben.

Hubschrauber aus Kiefer

Holzspielzeug ist etwas für Babys oder für Nostalgiker, meinen viele. Und sie haben wohl recht. Es sei denn, es wird so ein stabiler Flieger.

Holzspielzeuge können den originalgetreuen Modellen aus den Kunststoffgießereien kaum etwas entgegenhalten. Der Vorzug der Haltbarkeit ist längst dahin, seit selbst filigrane Bauteile aus Kunststoff nahezu unzerbrechlich sind. Die meisten Heimwerker lernen schnell und schmerzlich, daß Kinder von heute lieber mit Fahrzeugen der Spielzeugindustrie hantieren als mit Selbstgebautem aus Holz. Vom pädagogischen Wert dieses oder jenes Spielzeugs einmal abgesehen, sicher ist: Der Hobbytischler muß sich etwas einfallen lassen, um größere Kinder zu begeistern. Feinste Schnitzkunst kann kaum Konkurrenzfähiges hervorbringen. Doch eine Mechanik etwa, die dem Original ähnlich ist, wird auch bei einem Holzspielzeug gefallen. So wie bei diesem Hubschrauber mit drehbarem Rotor.

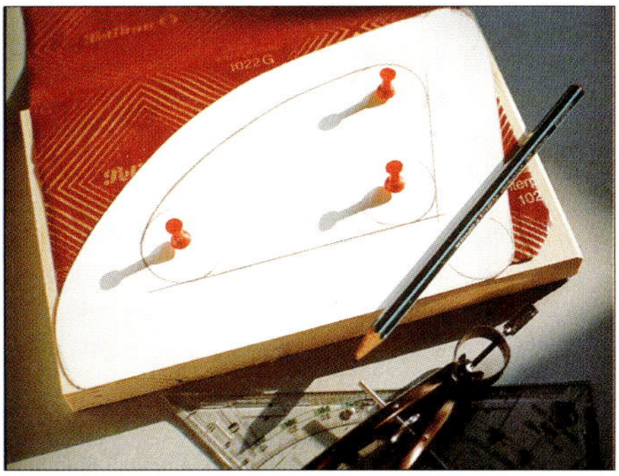

Die Kabine wird aus Kiefernholz geschnitten. Zuvor die Schnittlinien vorzeichnen und dann mit Durchschlagpapier aufs Holz übertragen.

Die Fensterausschnitte werden mit der Stichsäge herausgearbeitet. Große Bohrungen in den Ecken erleichtern das Ansetzen der Säge.

Der Heckausleger bekommt ebenfalls Bohrungen, die das Gewicht reduzieren. Alle Sägekanten werden fein abgeschliffen.

Die Kabinenrückwand nimmt den Heckausleger auf. Dafür wird sie mit dem scharfen Stecheisen etwa 5 mm tief ausgekerbt.

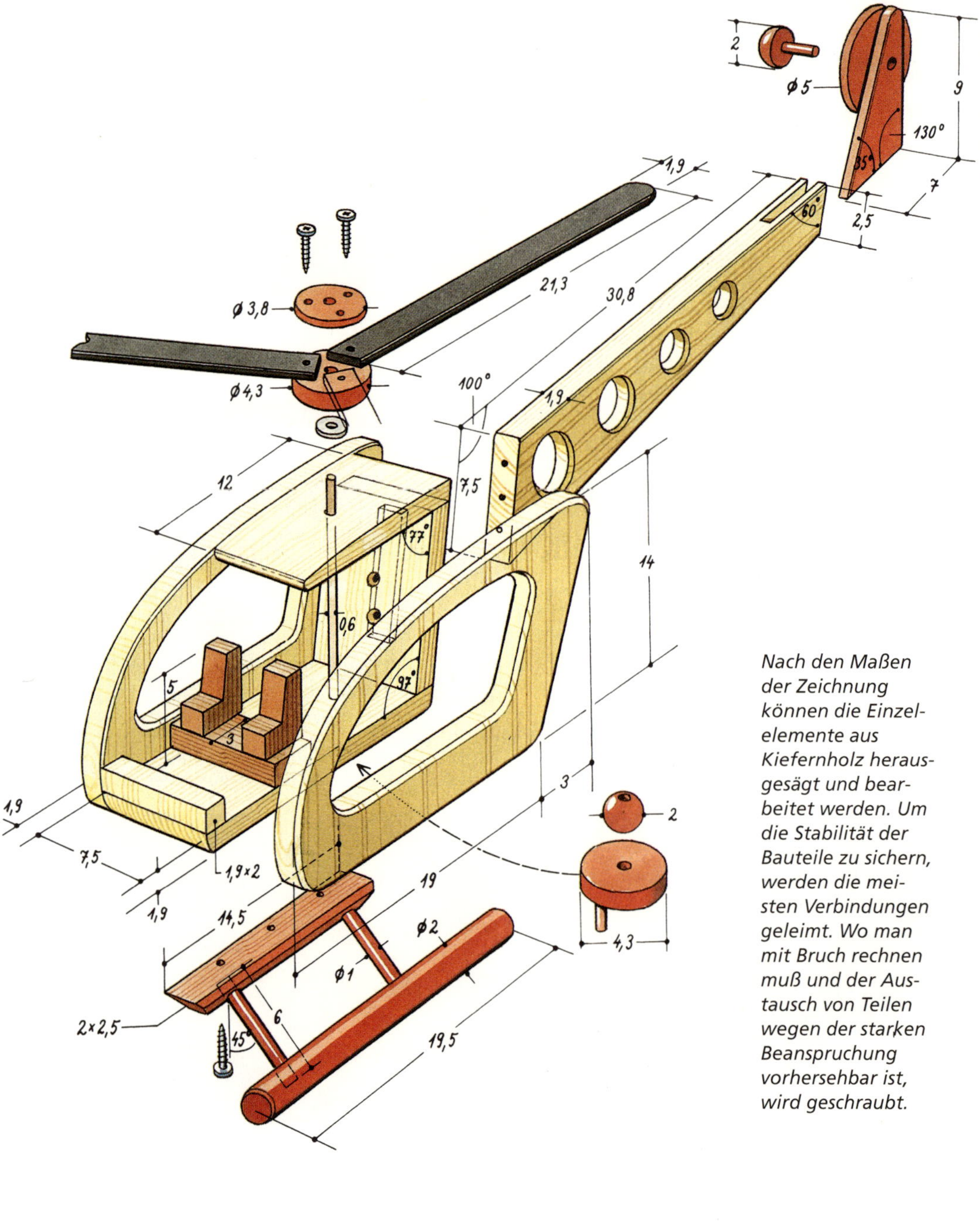

Nach den Maßen der Zeichnung können die Einzelelemente aus Kiefernholz herausgesägt und bearbeitet werden. Um die Stabilität der Bauteile zu sichern, werden die meisten Verbindungen geleimt. Wo man mit Bruch rechnen muß und der Austausch von Teilen wegen der starken Beanspruchung vorhersehbar ist, wird geschraubt.

wird für die meisten Teile verwendet.

Hartes Holz für die Ersatzteile

Für die meisten Heimwerker ist allein schon das Arbeiten mit massivem Holz ein Genuß. So kommen sie auf jeden Fall auf ihre Kosten, wenn sie ein schönes Spielzeug bauen. Besonderen Wert werden sie bei dem Hubschrauber auf makelloses Material legen: Astfreies Kiefernleimholz in etwa 20 mm Dicke wird hier verarbeitet, das man schon mal in der Restekiste finden kann. Denn die Bauteile sind ja nicht besonders groß, die größten messen gerade einmal 14 × 19 cm, das längste Stück beträgt knapp 31 cm.
Die Rotorblätter sind die empfindlichsten Bauteile. Sie werden deshalb aus dem härteren Buchenholz geschnitten. Die kleineren Bauteile wie die Holzscheiben für die Rotoren oder für die Kurbel kann man in Bastelgeschäften vorgefertigt kaufen. Wer sie selbst aus Holz schneiden will, verwendet eine Lochsäge, also einen Sägeaufsatz für die elektrische Bohrmaschine, statt freihand mit der Stichsäge zu schneiden. Die Bohrmaschine wird selbstverständlich im Bohrständer geführt, um schiefe Schnittkanten auszuschließen.
Auch die Bohrlöcher in den Rundholzdübeln, aus denen die Kufen und die Achsstücke entstehen, bohrt man mit einer sicheren Führung im Bohrständer. Freihand gebohrt, würden die Löcher schief.
Der farbigen Gestaltung des Hubschraubers sind keine Grenzen gesetzt. Wer gern mit dem Pinsel umgeht, wird sich an aufwendigere, eventuell originalgetreue Beschichtungen wagen. Diese werden mit einem farblosen Lacküberzug geschützt, ansonsten reicht eine Oberflächenbehandlung mit ungiftigem Holzwachs. Mehr über geeignete Farben und Lacke erfahren Sie auf den Seiten 122 bis 125.

__Der Ausleger__ wird am Ende mit der Feinsäge eingeschlitzt. In die Kerbe kommt das 8 mm starke Brettchen, das den Heckrotor trägt.

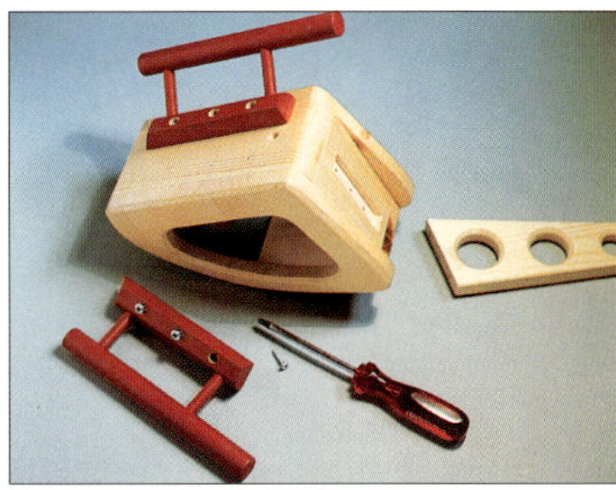

__Die Kufen__ und der Ausleger werden angeschraubt. Als Träger der runden Kufen dient eine abgeschrägte halbrunde Holzleiste.

__Die Rotorblätter__ werden mit Schrauben befestigt. Groß genug vorbohren, damit die Holzenden nicht durch die Schrauben bersten.

Nachwuchsförderung:

Mit ein wenig Übung wird jeder Schlag zum Treffer, ein Volltreffer ist die Werkbank für die kleinen Selbermacher.

hämmern und schrauben

Lassen Sie den Nachwuchs an Ihrem Steckenpferd teilhaben, bei unserer kleinen Werkbank sind Profis und Anfänger gleichermaßen gefragt.

Irgendwann werden Sie als heimwerkender Vater bzw. heimwerkende Mutter Ihrem Nachwuchs die Aktivitäten im Hobbykeller nicht mehr verheimlichen können, Kinder sind für kreative Prozesse wie Sägen, Raspeln, Schrauben und Leimen natürlich sofort Feuer und Flamme. Dann bauen Sie doch gemeinsam diese kleine Werkbank: Ihrem Nachwuchs wird sehr anschaulich der Entstehungsprozeß vorgeführt, der Umgang mit Werkzeugen unterstützt die Entwicklung der Fingerfertigkeit – und eine selbstgebaute Werkbank, darauf kann man ganz besonders stolz sein!
Mit Glück finden Sie das Bauholz in der Restekiste, die Maße der Werkbank: 35 cm in der Breite und 40 cm in der Höhe, für die Nägel, Schrauben und Griffe brauchen Sie einige Enden Rundhölzer.

Mit Holzdübeln und Leim entstehen stabile Verbindungen, die Gegenpositionen der Bohrlöcher mit Dübellochmarkierern ermitteln.

Bis zum Abbinden des Leims werden die acht einzelnen Teile der kleinen Werkbank mit Klemmzwingen zusammengepreßt.

Im Bohrständer werden die Löcher für Nägel und Schrauben in die Arbeitsplatte gebohrt, ebenso wie in der Werkzeugleiste.

Mit der Feinsäge Nägel, Schrauben und Griffe zuschneiden. Die Schraubenköpfe und die Nagelschäfte an den Enden schlitzen.

Große Wirkung: Dekor-

Eine einfache Wanddekoration. Aber welche Wirkung! Sie besteht aus einer Holzplatte, die mit Hilfe eines Rahmens aus Dachlatten und Montagewinkeln an der Wand befestigt wird. Eine Lichterkette komplettiert die Deko.

Wände für Kids und Teens

Dekorationen im Kinderzimmer müssen nicht immer an der Wand kleben. Zu Tapeten gibt es sehr schöne Alternativen. Zum Beispiel aus Holz.

Vielen Eltern kann es im Zimmer ihrer Kinder gar nicht bunt genug sein. Schreiende Farben auf Teppich, Vorhängen, Bettwäsche und an den Wänden – egal, ob es den Sprößlingen gefällt. Eine unaufdringliche, dabei fröhliche und zugleich nützliche Dekoration kann man dagegen mit Holzwänden zaubern. Auch die gestalterische Wirkung einer farbigen Paneelwand, die wie hier im Beispiel Regal und Bett optisch zusammenbindet, übertrifft jede überbunte Durchmusterung des Kinderzimmers.
Die Realisierung einer Dekorationswand ist denkbar einfach, denn eine Stichsäge ist beinahe das einzige Werkzeug. Die Formgebung erfordert keinen Präzisionshandwerker. Denn Schönheitsfehler gibt es nicht. Eher schon künstlerische Freiheit.

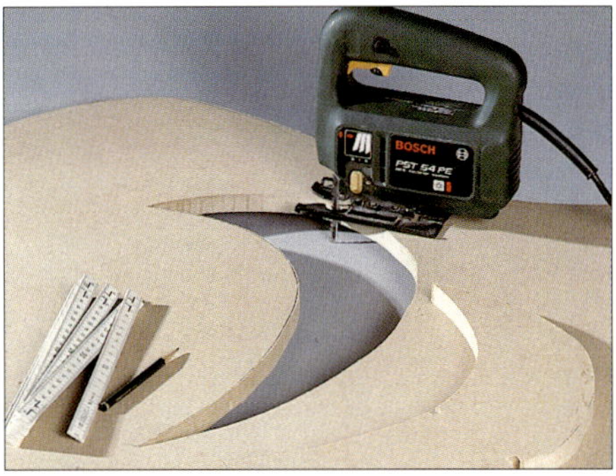

Mit der Stichsäge werden die Ausschnitte aus einer Tischler- oder MDF-Platte gesägt. Zur Abdeckung verwendet man Stoff oder Papier.

Ein Streifen aus Lochblech deckt die Fuge zur Wand ab. Er wird aufgenagelt, seine Kanten werden zuvor mit dem Hammer umgebördelt.

Eine Regalwand mit Beleuchtung: Heimwerkende

Väter greifen zu Bohrer und Lackierpinsel.

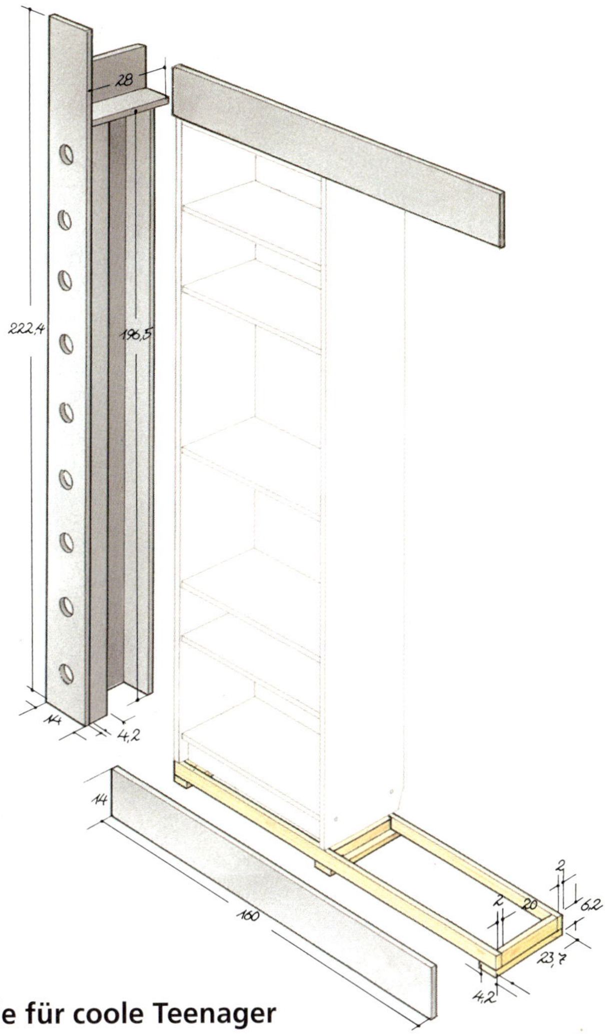

Der Aufbau der Lichtblende: Ein Lattengestell sorgt für die richtige Höhe der Regale. Links und rechts die Leuchtkästen, oben und unten schließen Blendplatten die Verkleidung wie einen Bilderrahmen ab.

Eine poppige Lichtblende für coole Teenager

Der Geschmack ihrer Kinder ist für viele Eltern ein unergründliches Geheimnis. Aber einen Blendrahmen für das Regal, der zudem mit einer dekorativen Leuchtenanordnung aufwarten kann, fand noch jeder Teenager „cool“. Schließlich: So eine Leuchtwand, noch dazu in den Lieblingsfarben lackiert, hat nicht jeder.

Die Konstruktion basiert auf zwei langen Kästen, die ein Regal flankieren und die oben und unten mit Blenden abschließen. Als Baumaterial eignet sich mitteldichte Faserplatte (Kurzbez.: MDF), in die man die Bohrlöcher für die Lichtspots gratfrei setzen kann. Sie werden im Holzhandel oder im Baumarkt als Zuschnittware bestellt und zusammengesetzt. Als Beleuchtung wählt man energiesparende Leuchtstofflampen in Röhrenform. Für eine einheitliche Breite des Regalrahmens muß auch unten eine Blende Platz finden. Das Regal wird etwas angehoben und ein einfaches Rahmengestell aus Latten unter die Regalwand gesetzt.

Die Lichtlöcher auf der Frontseite der Kästen werden mit Hilfe des Bohrständers mit einem Forstnerbohrer, Durchmesser 35 mm, gesetzt.

Die Rahmenseiten fügt man mit Flachdübeln und Leim fest zusammen. Für die Dübelschlitze benötigt man eine Fräseinrichtung.

Die Farbe ist Geschmackssache

Der vermutlich wichtigste Punkt, über den sich Heimwerker und Nachwuchs in geduldiger Diskussion einigen müssen, ist die Farbgebung. Die Ausführung der Lackierung kann man seinen Kindern dann allerdings überlassen. MDF ist ein Material, das aufgrund seiner hohen Saugfähigkeit mehrere Anstriche benötigt. Eine gute Gelegenheit, auf eventuelle Forderungen nach Mitsprache und Beteiligung vorbehaltlos einzugehen! Die Arbeiten, die auf der Werkbank mit Präzision erfolgen, besorgt am besten der erfahrene Heimwerker. Sorgfalt erfordert beispielsweise das Zusammenfügen der Plattenteile für die Kästen. Wird ein Brett verkantet, kann die gesamte Konstruktion windschief werden. Um Spiel zu haben, setzt man die Platten mit Flachdübeln, auch Lamellos genannt, zusammen. Sie erlauben, anders als Runddübel, daß nachgerichtet werden kann. Nachteil: Man muß sich eine spezielle Säge beschaffen, die sich aber auch bei anderen Bauvorhaben nützlich macht.

Ein Gazestreifen deckt die Lichtlöcher von der Innenseite ab. Der Streifen von der Rolle wird mit dem Tacker fixiert. Rolle straff halten!

Die Leuchtstofflampen werden vor der Endmontage in die Kästen geschraubt, die Kabel verlegt. Am Schluß die Blenden anschrauben.

Spielzeug für Könner: ein

Länge über alles: mehr als 55 Zentimeter. Auch mit seinen Fahreigenschaften und dem hohen Spielwert ist der Langholztransporter der Größte im Kinderzimmerfuhrpark. Damit er sich wirklichkeitsnah bewegen, beladen und lenken läßt, muß sorgfältig konstruiert und gefertigt werden.

Langholztransporter

Wer sich gern einmal an einer kniffligen Holzarbeit versuchen möchte, hat bei diesem Spielzeug die Gelegenheit: einem Lastwagen der Extraklasse.

Im Möbelbau kommen häufig größere, nicht selten kostspielige Werkzeuge und Elektrogeräte zum Einsatz. Anders bei Spielzeug: Je kleiner das Bauwerk, desto bescheidener mitunter der Werkzeugbedarf – wie bei diesem Lastwagen, für den im wesentlichen Bohrmaschine, Bohrständer und einige Schleifvorsätze zum Einsatz kommen. Der Rest sind Fingerspitzengefühl und wenige Stücke massiven Kiefernholzes – Materialbedarf, den schon die Restekiste deckt. Er wird aus den Abmessungen der Zeichnung auf der folgenden Seite entnommen. Stücke von 3 und 1,8 sowie 1 cm Stärke werden gebraucht, einzelne Teile von Kiefernleisten, dazu Stücke von 0,5 cm dickem Sperrholz sowie Rundstäbe verschiedener Durchmesser. Holzkugeln, Ösen, Kettchen und Unterlegscheiben bekommt man im Bastelladen.

Das Fahrerhaus samt Kotflügeln wird aus 1,8 und 1 cm dicken Holzabschnitten zusammengesetzt. Die Rundungen sauber ausschleifen.

Das Gitter hinterm Fahrerhaus aus Leistchen und 0,6 cm starken Dübelstäben zusammenleimen und – wie das Fahrerhaus – lackieren.

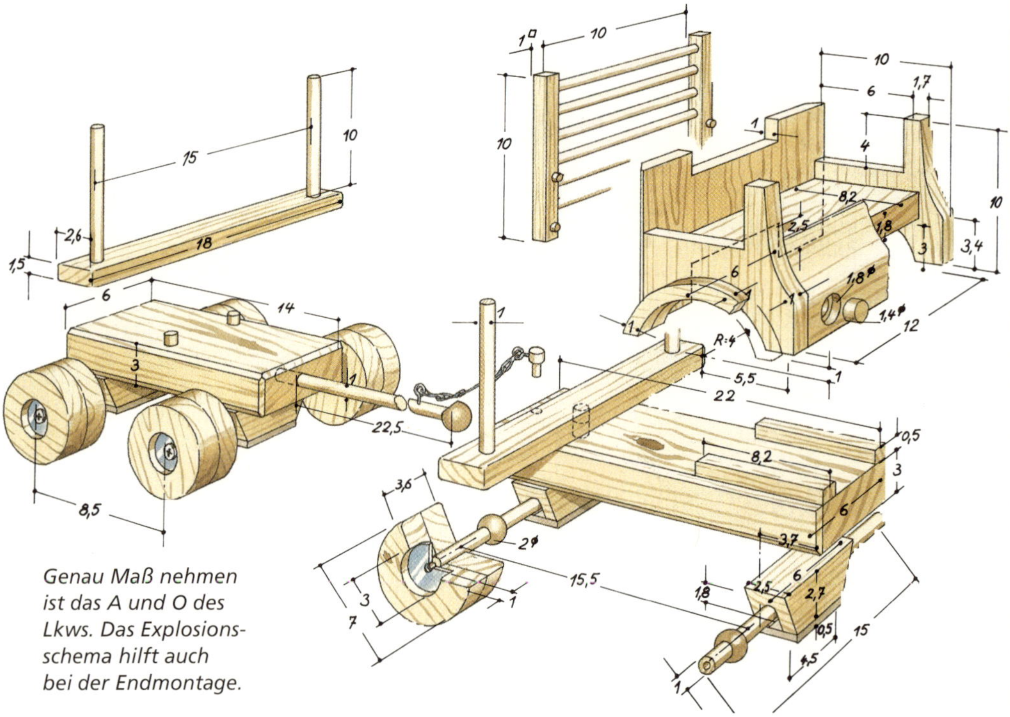

Genau Maß nehmen ist das A und O des Lkws. Das Explosionsschema hilft auch bei der Endmontage.

Karosserie, Chassis, Achsgeometrie – wie bei den echten Vorbildern

Ganz wichtig für den Langholztransporter, der ja auch schwieriges Gelände meistern soll, sind seine breiten Reifen. Es gibt verschiedene Möglichkeiten, sie herzustellen. Wer eine Drechselbank besitzt, hat es leicht. Sehr gut geht das „Auswuchten“ aber auch mit der Lochsäge, die man allerdings bei der Dicke des Materials, für das auch zwei Bretter zusammengeleimt werden können, von beiden Seiten ansetzen muß. Vorher werden mit dem 30-mm-Forstnerbohrer die Felgenvertiefungen gebohrt. Außerdem muß das ganze Material mit einem normalen Bohrer, nicht größer als 8 mm, durchbohrt werden, um die Ansatzpunkte für die Lochsäge auf der Rückseite zu erstellen. Später, nach dem Auswuchten, werden die Bohrungen in Radmitte auf 10 mm vergrößert, damit die Achsen hineinpassen. Für alle diese Arbeiten wird der Bohrständer benutzt. Achsen und Räder werden fest verleimt. Die rot lackierten Scheiben und Schrauben in den Felgen dienen der Verzierung. Sie drehen sich mit.

Für die guten Fahreigenschaften im Gelände ist außer den breiten Reifen auch die Achsaufhängung verantwortlich. Nur bei extremen Unebenheiten verliert mal ein Rad den Bodenkontakt, da die Achsen in ihren Lagern nach oben und unten pendeln können. Die einfache Erklärung: Die Nuten, die die Achsen aufnehmen, sind tiefer als der Achsdurchmesser.

Beweglich muß auch der vordere Träger der Zugmaschine sein, damit die Ladung in den Kurven nicht eingeklemmt wird. Beladen schwenkt er mit dem Anhänger.

Die Räder *werden mit der Lochsäge aus einem dicken oder zwei aneinandergeleimten Brettern gesägt. Zuvor die Felgenlöcher bohren.*

Zum Auswuchten, *also zum Rundschleifen der Räder, wird eine M8-Schloßschraube durchgesteckt und ins Bohrfutter gespannt.*

Die Kugellager *für die Achsen werden sorgfältig präpariert: in den Schraubstock spannen, schrittweise im Bohrständer aufbohren.*

Die Dübelachsen *kommen in trapezförmige Radlager mit Nut und Sperrholzabdeckung. Die Achsen sitzen stramm in den Rädern.*

Das Fahrgestell *wird mit den Tanks vollendet. Jetzt werden Fahrerhaus und Drehschemel aufgesetzt. Die Drehachse: ein Dübelstummel.*

Die Anhängerkupplung *am Heck ist so ausgeformt, daß sich die Deichsel bewegen kann. Ein Kettchen hält die Lkw-Teile zusammen.*

Im Bikeport stehen

Vom Roller bis zum Rennrad paßt alles in den maßgeschneiderten Unterstand.

die Fahrräder gut geschützt.

Das Auto steht in der Garage, aber für die Fahrräder gibt es meist keinen eigenen Unterstand. Es sei denn, Sie bauen sich dafür einen Bikeport.

Raus aus dem Keller, rein in den Keller: Besonders, wenn Kinder im Haus sind, die ihre Fahrräder oft benutzen, ist es ein ständiger Kampf, sie dazu zu bringen. Deshalb ist es praktisch, einen Unterstand zu bauen, in dem die Räder ihren festen Platz haben. Der Bau ist ganz einfach, und einen Standort dafür gibt es im Vorgarten neben der Einfahrt bestimmt. Die Kinder helfen beim Bau gern mit, weil es ja um ein Haus geht, das ihnen gehören wird. Besonders attraktiv wird das kleine Gebäude, wenn es auch noch Platz zum Putzen oder Reparieren der Fahrräder bietet. Unter dem transparenten Dach lassen sich auch Regentage für diese ungeliebten Arbeiten nutzen. Wenn genügend Raum vorhanden ist, kann der Unterstand auch noch rundherum einen festen Boden bekommen, auf dem die Räder sicher stehen. Ein großer Dachüberstand hält den Regen von den Wänden ab und schützt draußen stehende Räder vor Feuchtigkeit.
Der Bikeport hat einen weiteren großen Vorteil: Normalerweise sind Fahrräder im Rahmen einer Hausratversicherung mit abgedeckt. Das gilt aber nur, wenn das Rad nicht im Freien stand. Dagegen erstattet die Versicherung den entstandenen Verlust, wenn das Fahrrad aus dem Bikeport entwendet wurde. Einzige Einschränkung: Nachts zwischen 22 und 6 Uhr müssen die Räder verschlossen im Haus stehen.

Pfostenrahmen mit unterschiedlicher Höhe sind Kern des Bikeports. Der Abstand der Pfosten ergibt sich aus der Breite der Zaunfelder.

Die Sparren werden entsprechend der Dachneigung etwas schräg ausgeklinkt. Mit der Stichsäge geht das sehr schnell.

Auf den Sattelbalken liegen die ausgeklinkten Sparren sicher auf und werden dort mit langen Spaxschrauben von oben befestigt.

Die richtige Größe für den Bikeport wird nach der

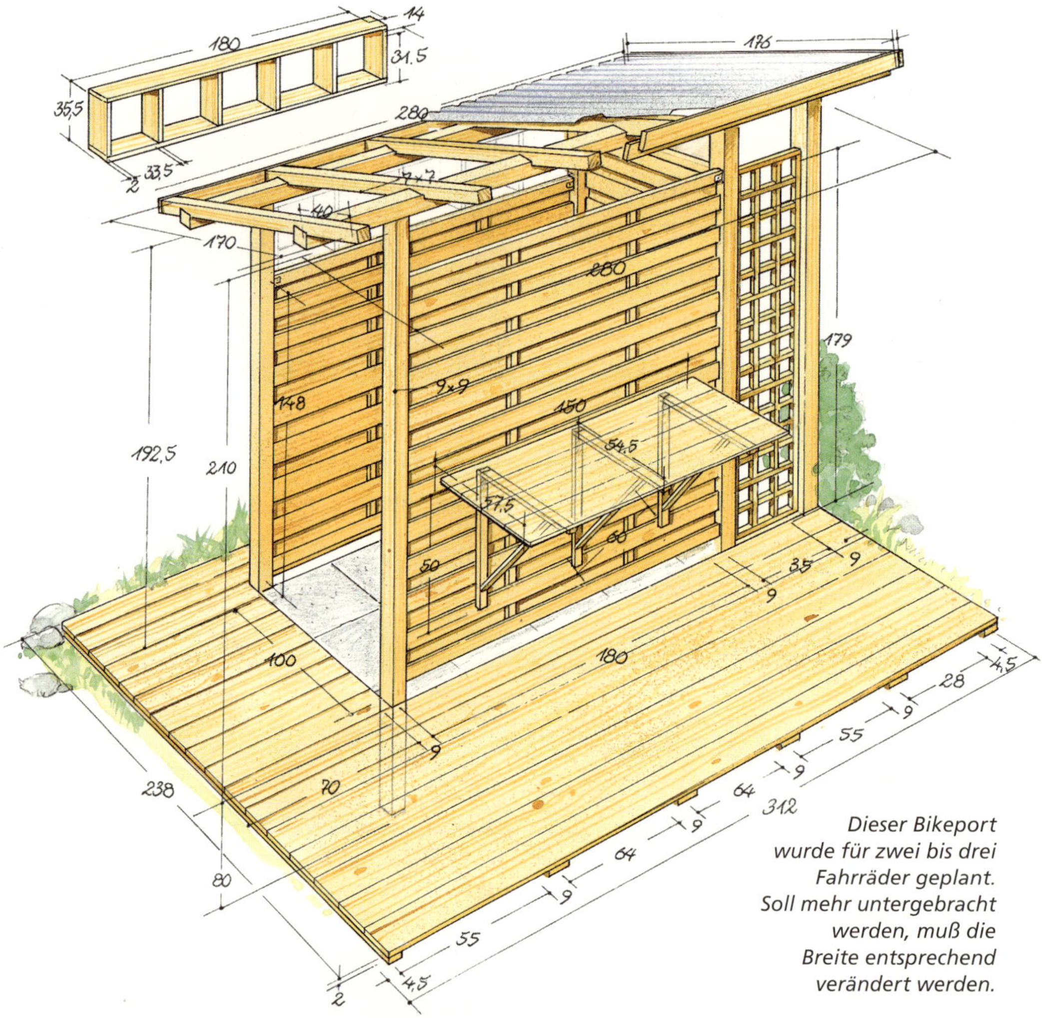

Dieser Bikeport wurde für zwei bis drei Fahrräder geplant. Soll mehr untergebracht werden, muß die Breite entsprechend verändert werden.

Ein stabiles Gebäude aus wetterfesten Pfosten und Zaunelementen

Das Baumaterial für den Bikeport gibt es in jedem Baumarkt. Der hier gezeigte Unterstand ist mit 1 m Breite für zwei bis drei Fahrräder berechnet. Sind mehr Räder unterzubringen, wird der Pfostenabstand der Querseiten einfach vergrößert. Das richtige Maß ergibt sich aus der Zahl der Fahrräder, die untergestellt werden sollen. Jedes Rad braucht so viel Platz, wie sein Lenker in der Breite einnimmt. Schließlich ist nichts ärgerlicher, als wenn sich die Fahrräder schlecht herausholen lassen, weil sie sich miteinander verhakt haben. Bei der Bemessung der Höhe sollte man von der Größe eines Erwachsenen ausgehen. Da die Zaunfelder, die als Wände eingesetzt werden, deutlich niedriger sind, bleibt oben ein Streifen frei. In der hinte-

Zahl der eingestellten Fahrräder berechnet.

ren Wand wurde hier ein kleines Regal für Fahrradhelme und anderes Zubehör eingebaut. Einzelne Fächer können auch mit Rückwand und verschließbarer Tür versehen werden, um darin Reparaturwerkzeug, Luftpumpen und vielleicht Ersatzschlüssel für die Fahrradschlösser zu verstauen.

Da Fahrräder eine ebene Standfläche brauchen, wurden hier einfache Gehwegplatten aus Beton ausgelegt. Sie bleiben im Raum unbedeckt, außen bekommen sie eine Beplankung aus geriffelten Bodenbrettern. Das ist nicht unbedingt nötig, sieht aber sehr viel schöner aus.

Der Bau geht ähnlich wie bei einem großen Carport vor sich: Zunächst wird die Position der Pfosten festgelegt, die Pfosten 60 bis 80 cm tief eingegraben oder mit Betonfundamenten bzw. Bodeneinschlaghülsen im Boden verankert, nachdem sie sorgfältig ausgerichtet worden sind. Zusammen mit den aufgeschraubten Sattelbalken bilden sie Rahmen, in denen die Zaunfelder mit L-Beschlägen befestigt werden. Die vorbereiteten Dachsparren werden nur noch aufgeschraubt, dann die Dachplatten verlegt.

Für den hier gezeigten Bikeport wird folgendes Material gebraucht:
Pfosten, 9 × 9 cm: 2 à 3, 5 à 2,7 m
Konstruktionshölzer, 7 × 7 cm: 3 à 3,6 m
Bodenhölzer, 2 × 14 cm: 20 à 3,6 m
Zaunelemente (je eins): 180 × 180 cm, 150 × 180 cm, 100 × 180 cm.
Rankgitter (eins): 35 × 180 cm
Gehwegplatten, 50 × 50 cm: 8 Stück
Dachplatten, 109 × 200 cm: 3 Stück
Spaxschrauben: 10 à 6 × 100, 200 à 3 × 35.
Dazu 12 L-Beschläge als Verbinder.

Eine Stirnseite wird mit einem schmalen Zaunfeld gefüllt, so daß der Bikeport an drei Seiten geschlossen ist.

Die Ablagefächer über dem niedrigeren Zaunfeld bestehen aus zwei langen und sechs kurzen, stumpf verschraubten Brettern.

Das Regal mit fünf Fächern ist zwischen den Pfosten eingesetzt und wird von innen seitlich und oben am Sattelbalken festgeschraubt.

Die Dachplatten *aus Kunststoff lassen sich gut mit dem Fuchsschwanz schneiden, wenn sie zwischen zwei Latten geklemmt sind.*

Die Bohrlöcher, *durch die die Platten mit dem Stirnbrett verschraubt werden, stellt man mit einem Schälbohrer her.*

Ausstattung ganz nach Wunsch

Bei der Ausstattung des Bikeports sind Extrawünsche willkommen. Deshalb sind die hier gezeigten Einbauten nur Vorschläge. Sehr praktisch ist auf jeden Fall der kleine Arbeitstisch, der hier fest montiert wurde, aber auch als Klapptisch gebaut werden kann.
Ebenfalls sinnvoll sind stabile Haken, an denen ein Fahrrad zur Reparatur aufgehängt werden kann. Auf dem Holzboden darunter oder auf dem Tisch kann das Werkzeug ausgebreitet werden, und es macht auch nichts, wenn mal eine Schraube hinfällt – sie ist hier leicht wiederzufinden. Beim Aufhängen muß allerdings ein Erwachsener helfen, denn die Haken müssen so hoch angebracht sein, daß das Rad frei hängt. Außerdem dürfen sie nicht im Weg sein, weil man sich daran verletzen könnte.
Für die Fahrradbenutzer überflüssig, aber dennoch praktisch ist die Nische hinter dem Rankgitter für eine oder mehrere Mülltonnen. Schnell wachsende Kletterpflanzen verdecken sie schnell.

Der Arbeitstisch liegt auf Stützwinkeln, die fest an den Senkrechten des Zaunelements verschraubt werden.

Ein Rankgitter verdeckt den Raum hinter der geschlossenen Querwand. Hier können ein oder zwei Mülltonnen stehen.

Stehhilfe fürs Fahrrad

Vor der Schule, am Schwimmbad, am Bahnhof: Überall findet man diese und ähnliche Fahrradständer. Die praktischen Ständer gibt es nicht nur für Kommunen, sondern auch im Eisen- und Fahrradhandel für Privatleute. Mit Dübeln am Boden verschraubt, erleichtern sie das Einstellen der Räder im Bikeport und schaffen die Möglichkeit, sie anzuschließen. Achtung: Es ist sicherer, das Fahrrad am Hinterrad anzuschließen, da das schwer auszubauen ist.

Ab nach draußen: großer

Alles dran, was ein solider Kletterturm haben muß: Leiter und Strickleiter, Sandkiste, Schaukel und Ausguck.

Spaß mit dem Kletterturm

Klettern, Schaukeln und Buddeln, das machen Kinder am liebsten. Da kommt unser Kletterturm gerade recht: ein Riesenspaß, beim Bauen und beim Spielen.

Western Red Cedar, das schöne rotbraune Holz aus kanadischen Forsten, ist das Baumaterial für das tolle Klettergerät. Wenn Ihnen der Name des Holzes nichts sagt: Sichtschutzwände und Pergolen beispielsweise werden aus diesem Holz gefertigt. Ein hochwertiges Material, für das ein tieferer Griff in die Tasche fällig wird. Die Materialkosten für den Kletterturm betragen etwa 1400 DM. Viel Geld sparen Sie beim Bauen mit druckimprägnierter Kiefer, dann bekommen Sie das Material für die Hälfte. Der Vorteil des Red-Cedar-Holzes: Seine Inhaltsstoffe und Öle machen es uneingeschränkt wetterfest, es muß weder imprägniert noch jemals nachbehandelt werden. Und das bedeutet auch, daß für Kinder kein gesundheitliches Risiko durch Hautkontakt mit Schutzanstrichen besteht.

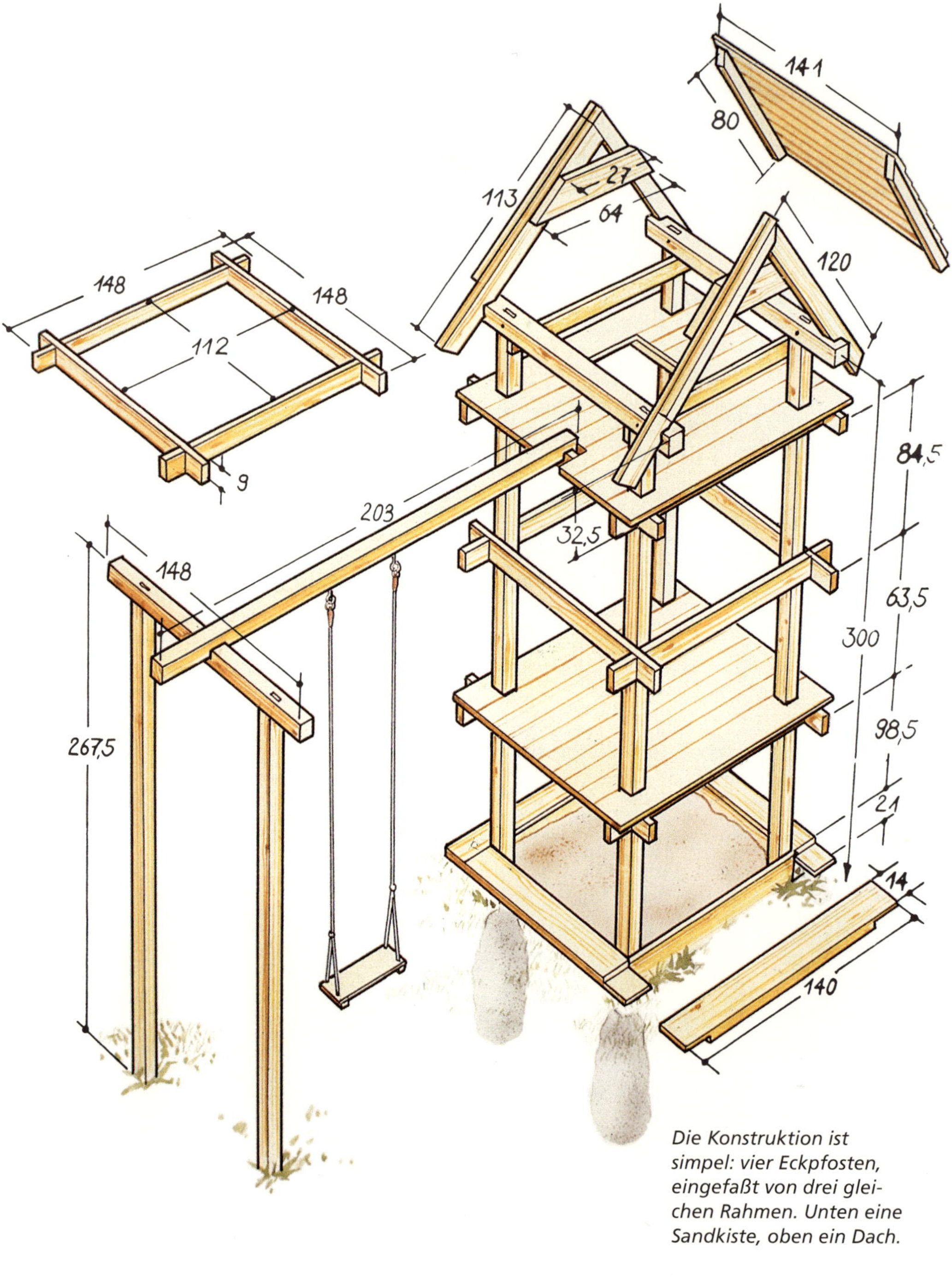

Die Konstruktion ist simpel: vier Eckpfosten, eingefaßt von drei gleichen Rahmen. Unten eine Sandkiste, oben ein Dach.

Grundsolide Konstruktion

Schlitze, Zapfen und Überplattungen – klassische handwerkliche Verbindungstechniken, die Sie auch ohne Gesellenbrief meistern werden. Auf präzises Arbeiten kommt es an. Das Holz muß exakt angerissen, sauber zugesägt und sorgfältig mit dem Stechbeitel bearbeitet werden. Jede Paßungenauigkeit beim Bau führt zu wackligen Verbindungen. Und stabil muß der Kletterturm natürlich sein, damit die Kinder sich darauf und daran so richtig austoben können. Zusätzlich zu den traditionellen Holzverbindungen werden die Knotenpunkte mit modernen Beschlägen gesichert, verzinkte Schlüsselschrauben und sogenannte Schnellbauschrauben machen das Bauwerk stabil.
Der Kletterturm ist so konzipiert, daß die wesentlichen Elemente in der Werkstatt hergestellt werden können. Hier haben Sie immer das benötigte Werkzeug in unmittelbarer Reichweite und können, ein wesentlicher Vorteil, unabhängig von der Wetterlage arbeiten.

Schlitz und Zapfen als stabile Verbindung zwischen Pfosten und Querträger des Kletterturms und des Anbaus für die Schaukel.

Erster Schritt beim Anfertigen der Schlitze: drei Bohrungen von 30 mm Durchmesser, das Restholz mit dem Stechbeitel ausstemmen.

Verzinkte Schlüsselschrauben, 10 × 100 mm, sichern die Querträger auf den Pfosten. Die Verbindung wird dafür durchbohrt.

Die Rahmen aus Kanthölzern werden durch Überplattungen stabil, eine Spaxschraube dient als zusätzliche Sicherung.

Die Böden *für untersten und obersten Rahmen bekommen schmale Bretter in der Fläche, breite mit Aussparung für die Pfosten außen.*

Ausgespart *auf halbe Materialstärke werden die Bretter, die den Sandkasten umrahmen. Die aufrechten Bretter werden stumpf verschraubt.*

Gut vorbereitet, schnell montiert

Die drei quadratischen Rahmen, Einfassung und Außenwände der Sandkiste sowie die beiden Dachgiebel samt Eindeckung können in der Werkstatt vorbereitet werden. Auch die Bodenbretter der Etagen können vorab auf die Rahmen geschraubt werden. Sind Pfosten, Rahmen und Giebel vorbereitet, wird der Turm am Aufstellort montiert. Die drei Balkenrahmen werden aufrecht auf den Rasen gestellt, links und rechts unten wird je ein Pfosten eingeschoben und an den markierten Stellen mittels Schloßschrauben mit den Rahmen verbunden. Nacheinander die anderen zwei Pfosten einschieben, mit Zwingen in der Montageposition fixieren und mit Schrauben festsetzen. Nach Montage von Querbalken und Giebel wird der Turm – mit Unterstützung eines Nachbarn und viel Schwung – aufgerichtet. Keile helfen beim Ausrichten des Turms, die Pfostenlöcher werden mit Beton gefüllt. Nach Montage der Dacheindeckung und Ansetzen des Schaukelgerüstes, auch dieser Pfosten wird einbetoniert, geht es los mit dem großen Spiel- und Kletterspaß.

Detail *der Giebelspitze: unter der Überplattung ein Verstärkungsbrett, das mit vier Schlüsselschrauben montiert wird.*

Schindelartig *überlappen müssen die Unterkanten der Bretter, die das Dach eindecken. Schrauben nur auf der Oberseite eindrehen.*

Nützliches Zubehör, *auch bei der Montage im Freien: Mit einem Bohrmobil können die Pfosten winkelgerecht gebohrt werden.*

Die vorbereiteten *Rahmen aus Kanthölzern werden an den markierten Stellen zunächst mit zwei Pfosten verbunden.*

Die Dachgiebel *werden vorgebohrt, Holzschrauben mit Sechskantkopf verbinden sie mit den beiden Querbalken auf den Pfosten.*

Mit kräftigem Helfer *wird der vormontierte Turm am Standort aufgerichtet. Sind die Löcher gegraben, wird er lotrecht ausgerichtet.*

Eine Betonmischung *aus fünf Teilen Kies und einem Teil Zement wird in die Löcher eingefüllt und verdichtet. Aushärten lassen.*

Die Platten *der Dacheindeckung sind auf Trageleisten geschraubt. Sie werden auf die Giebel gesetzt und mit Schrauben gesichert.*

Der Spaß fürs Gartenfest:

Hotzenplotz schießt zurück, wenn man ihm den Hut vom Kopf wirft! Bei diesem Freiluftspielgerät macht schon das Bauen viel Spaß.

Alle Kinder kennen den Räuber Hotzenplotz aus den Romanen Otfried Preußlers. Als Spielfigur kann man ihn leibhaftig werden lassen und für Jux beim Kinderfest sorgen. Denn Hotzenplotz schießt – nicht mit der Pfefferpistole wie im Buch, sondern aus einem Kunststoffrohr, immer, wenn man ihm mit einem Ball den Hut vom Kopf wirft. Das funktioniert mit einem raffinierten Flitzbogenmechanismus. Seine Munition: Schokoküsse.

Die richtige Spielmunition

Wer keine Schokoküsse verwenden mag, der kann den Hotzenplotz auch mit Bällen schießen lassen. Sie zu fangen macht ebenso viel Vergnügen, wie nach Schokoküssen zu schnappen. Die besten Wurfgeschosse für die Kinder sind Noppen- und Jonglierball (2 und 3), sie lassen sich gut fassen. Latex-, Tennis- und Moosgummibälle (1, 4 und 5) prallen beim Fehlwurf weit ab – eine Mühsal für den, der den Hotzenplotz „bedient".

die Schokokußschleuder

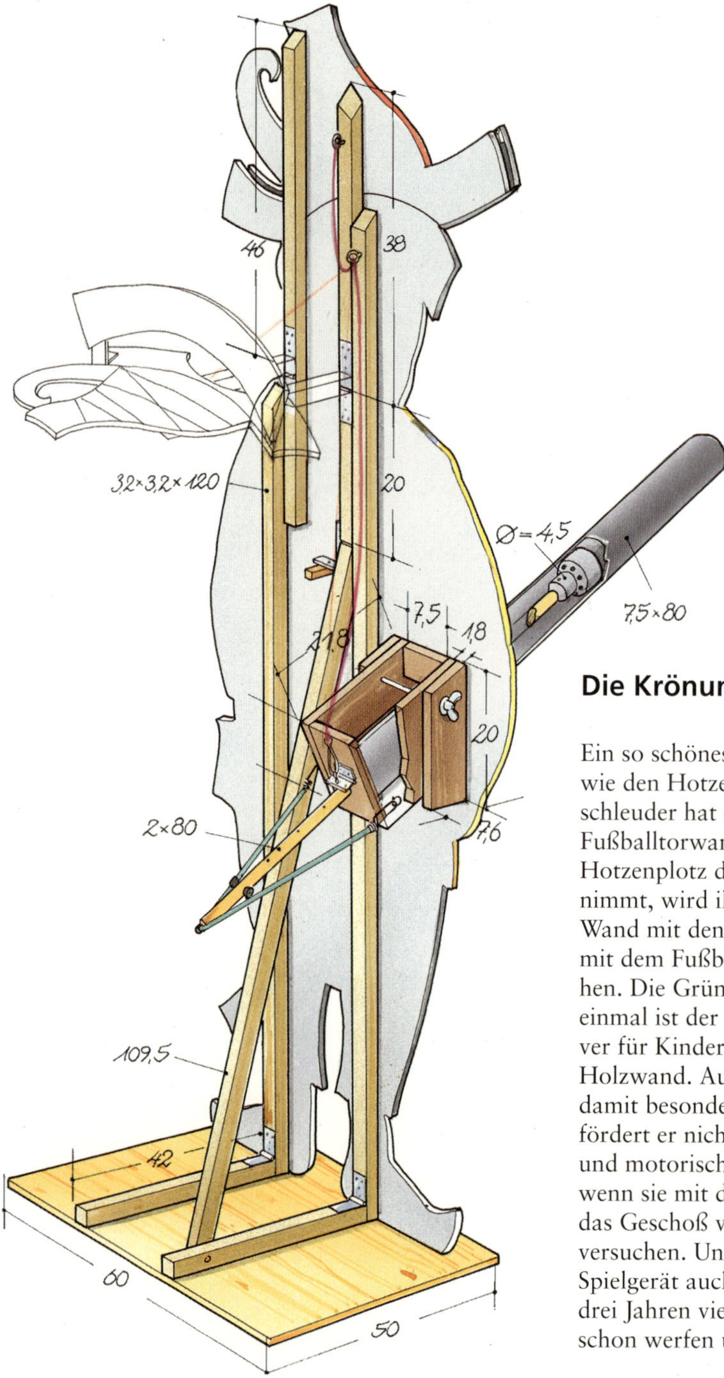

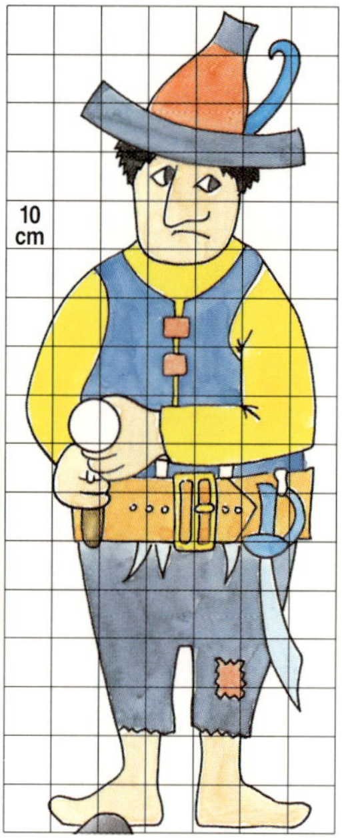

Die Krönung jedes Kinderfests

Ein so schönes Spielgerät für Kinderfeste wie den Hotzenplotz als Schokokußschleuder hat es seit der Erfindung der Fußballtorwand nicht gegeben. Wer den Hotzenplotz das erste Mal in Betrieb nimmt, wird ihn vermutlich sogar der Wand mit den zwei Löchern, die so schwer mit dem Fußball zu treffen sind, vorziehen. Die Gründe wären zahlreich: Erst einmal ist der bunte Räuber viel attraktiver für Kinder als die unansehnliche Holzwand. Außerdem ist er interaktiv und damit besonders spielanregend. Dann fördert er nicht weniger die sensorischen und motorischen Fähigkeiten der Kinder, wenn sie mit dem Ball zielen, werfen und das Geschoß vom Hotzenplotz zu fangen versuchen. Und schließlich macht das Spielgerät auch den Kleinsten ab ungefähr drei Jahren viel Spaß, die ja durchaus schon werfen und auch treffen können.

Verstauen und handlich beim Transport.

Spaß kann man auch all denen versprechen, die den Hotzenplotz bauen wollen. Denn er ist eine schöne Herausforderung an die Fähigkeiten, mit Pinsel und Farben umzugehen, die Stichsäge zu führen und den Schießmechanismus mit Gummiseilspannung auszutüfteln.
Das Material für den Hotzenplotz ist leicht, beispielsweise in Baumärkten, zu beschaffen. Man benötigt eine Sperrholzplatte für die Figur in 70 × 170 cm und eine in 50 × 60 cm für die Standplatte sowie Kiefernholzleisten der Stärke 3,2 × 3,2 cm. Für den Rohrkasten an der Rückseite verarbeitet man am besten eine Multiplexplatte, ein stabiles Schichtholzmaterial – einige Reststücke genügen. Für den Lauf des Gewehrs wird ein Regenfallrohr zweckentfremdet, Länge 80 cm, dazu ein Rohrverbinder. Was sonst gebraucht wird, zeigen die Arbeitsfotos.
Besondere Fähigkeiten als Schreiner sind beim Hotzenplotz nicht erforderlich. Die Erfahrung hat aber gezeigt, daß manche Hobbytischler vor der Zeichenarbeit zurückschrecken. Sie sollten es dennoch versuchen. Auch ungeübten Zeichnern wird die Übertragung der Figur der Rasterzeichnung links oben leichtfallen, wenn sie die Holzplatte nach einem Voranstrich in Weiß mit dem Bleistift in 10-cm-Schritten mit einem Liniennetz überziehen. So können sie die zeichnerische Anlage der Figur Feld für Feld paßgenau auf die Platte übertragen.
Wer mag, kann natürlich eine andere Figur wählen, zum Beispiel einen Feuerwehrmann. Das Schußrohr wäre dann eine Feuerwehrspritze. Wie auch immer die Bemalung ausfällt, sie braucht einen wetterfesten Endanstrich mit Klarlack.

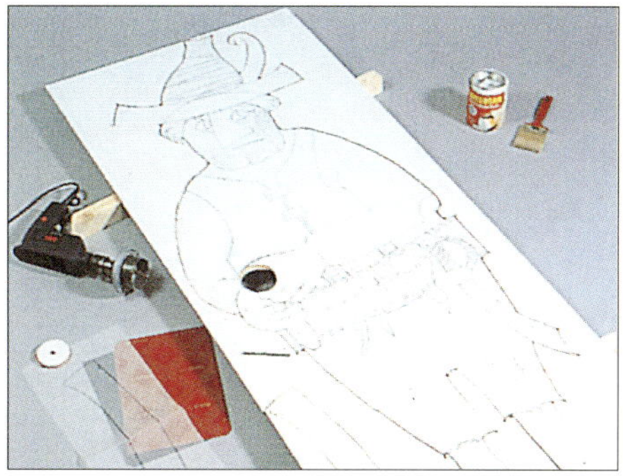

Die Sperrholzplatte wird grundiert, die Figur sowie eine zweite Hutkrempe aufgezeichnet. Zum Eintauchen der Säge Eckpunkte bohren.

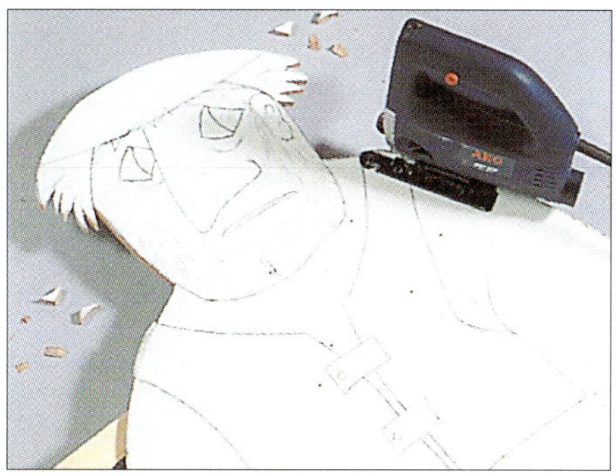

Mit der Stichsäge, ausgerüstet mit einem Kurvensägeblatt, die Figur grob aussägen, dann die Feinheiten, z. B. Haare, Füße, ausarbeiten.

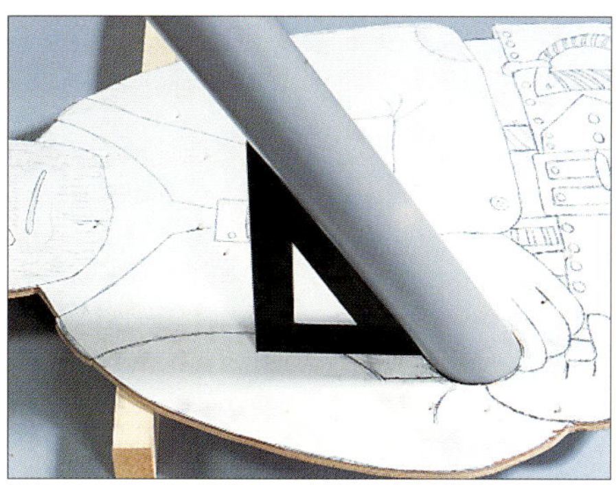

Das Loch für das Rohr aussägen und an den Innenseiten so anschrägen, daß das Rohr im 30-Grad-Winkel zur Platte eingesteckt wird.

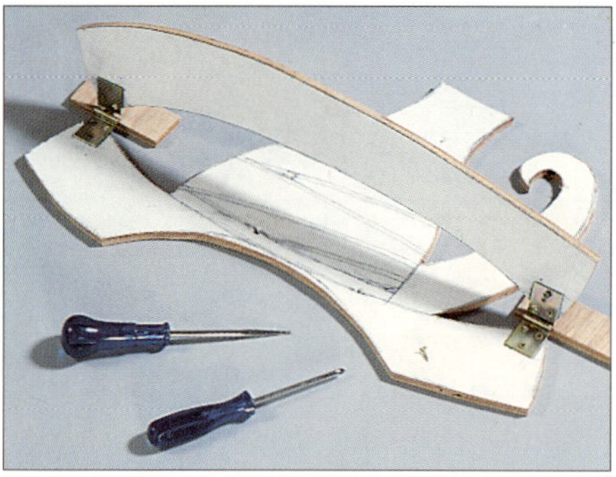

Die Hutkrempe *wird am Hut mit Scharnieren befestigt. Beim Festschrauben beachten: Die Scharniere müssen sich gut bewegen lassen.*

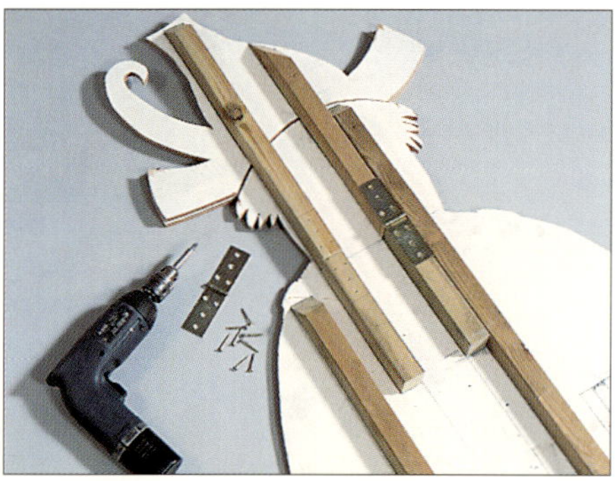

Zwei Leistenabschnitte, *durchtrennt und mit Scharnieren verbunden, halten den Hut, zwei lange steifen die Figur aus. Oben abschrägen.*

Eine Strebe *wird am unteren Ende einer Hutleiste eingepaßt. Sie läuft zur Bodenplatte: eine Klappvorrichtung für den Transport.*

Die Technik: im Prinzip simpel

Das Funktionsgeheimnis der Schleuder ist ihr Klapp- und Schießmechanismus. Er basiert auf dem beweglichen Hut mit zusätzlicher Krempe, der auf Leisten geschraubt und über zwei Scharniere mit dem Leistengerüst verbunden wird. Über eine Schnur zieht der zurückkippende Hut einen Metallstift aus dem Schußstab. Dieser wird dann mit Gummiseilen wie der Pfeil auf einem Flitzbogen in Fahrt gebracht und katapultiert einen Schokokuß – oder andere Munition – vorn zum Rohr hinaus. Für den nächsten Schuß wird der Stab erneut gespannt und der Hut wieder aufgesetzt. Die Zugkräfte sind in dieser Mechanik nicht gering. Deshalb sollten nur stabile Teile verbaut werden.

Hotzenplotz' knifflige Details

Manches, was als konstruktive Klippe an der Schleuder erscheinen mag, erweist sich später als überaus nützlich. Zum Beispiel der Aufbau der Halteleisten mit Scharnieren oder der herausnehmbare Rohrkasten: Wer sie wegläßt, kann die Figur nicht zusammenklappen und zerlegen und benötigt mehr Platz bei Lagerung und Transport. Um das Kunststoffrohr und den Rohrverbinder zu befestigen, müssen Holzscheiben eingesetzt werden, damit man sie an den Multiplexplatten des Rohrkastens festschrauben kann. Fingerspitzengefühl braucht man bei den Bauteilen, die beim Auslösen des Schusses gut zusammenspielen müssen: bei Seilzug und Scharnier, bei den Arretierlöchern in der Stange und der am Ende abgeschliffenen Schraube.

Schießen: damit alles klappt.

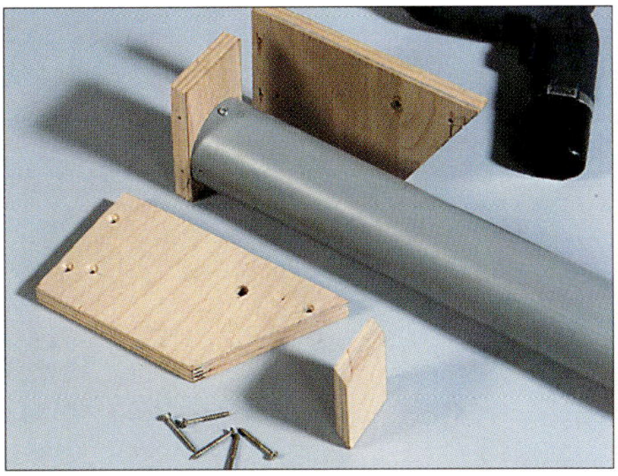

In das Schußrohr *kommt eine Holzscheibe, ∅ 7,3 cm, mit einem Loch zur Führung der Stange, daran ein Zulagebrett und die Seitenteile.*

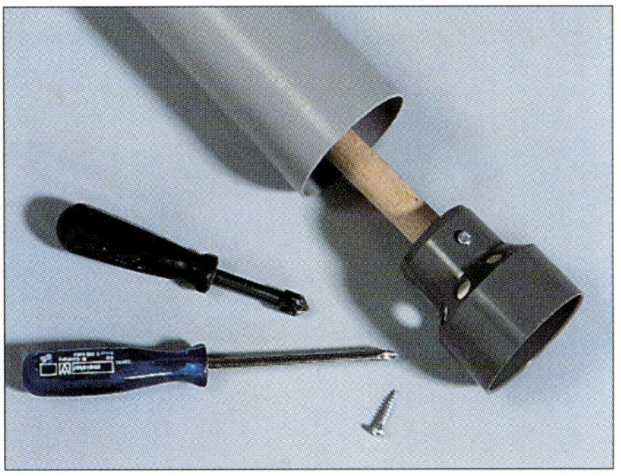

In den Rohrverbinder *wird eine Holzscheibe gesetzt, und beides wird an der Schubstange festgeschraubt. Luftdurchlaßlöcher bohren.*

In die Bohrungen am Stab *Alurohrabschnitte einkleben. Am Rohrkasten ein Scharnier mit Ringschraube fixieren. Spitze glatt schleifen.*

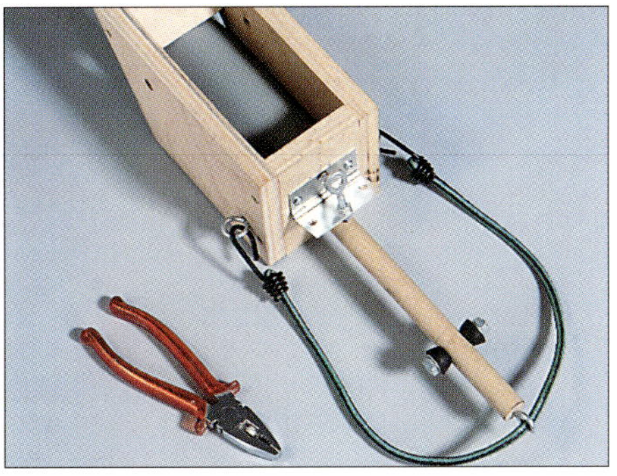

Ein Spanngummi *von 50 bis 60 cm Länge am Rohrkasten befestigen. Am Stangenende Hartgummipuffer und Halteöse anbringen.*

Haltebrettchen *für den Rohrkasten mit dem Rohr im Loch einpassen und anschrauben. Zuvor Löcher für eine Halteschraube bohren.*

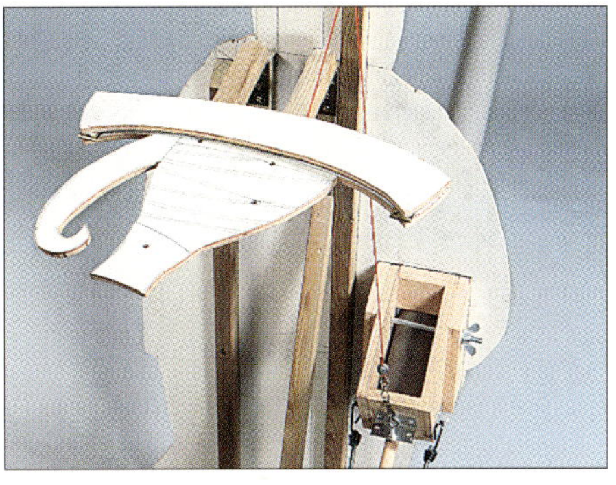

Den Rohrkasten *zwischen den Haltebrettchen einsetzen und mit Schloßschraube und Flügelmutter fixieren. Dann das Zugseil anknüpfen.*

Podest oder Regal: Die Kids

Kommt gut an: Das tolle Podest aus Einzelkuben kann jeden Tag anders aussehen. Und in den Kisten ist viel Platz zum Stauen.

machen, was sie wollen.

Der Hit im Kinderzimmer: die Kästen aus Sperrholz. Obendrauf spielen und toben, darunter alles Wichtige griffbereit – und das ist längst noch nicht alles!

Was muß eigentlich in ein Kinderzimmer? Richtig, ein Bett, ein Tisch, vielleicht noch ein Schrank für die Kleidung – und ganz viele von diesen pfiffigen Kästen! Warum? Schauen Sie nur einmal die Fotos auf dieser Seite an: Schnell sind ein paar dieser Kästen zu einer Tob- und Spielfläche zusammengeschoben, der ehemals langweilige Grundriß bekommt, auch aufgrund der fröhlich-bunten Deckel, eine ganz besondere und aufregende neue Ordnung. Auch wenn die Kästen so zusammengeschoben sind, lassen sie sich uneingeschränkt als Staucontainer nutzen. Dazu muß nur der mit farbiger Teppichfliese beklebte Deckel abgehoben werden.

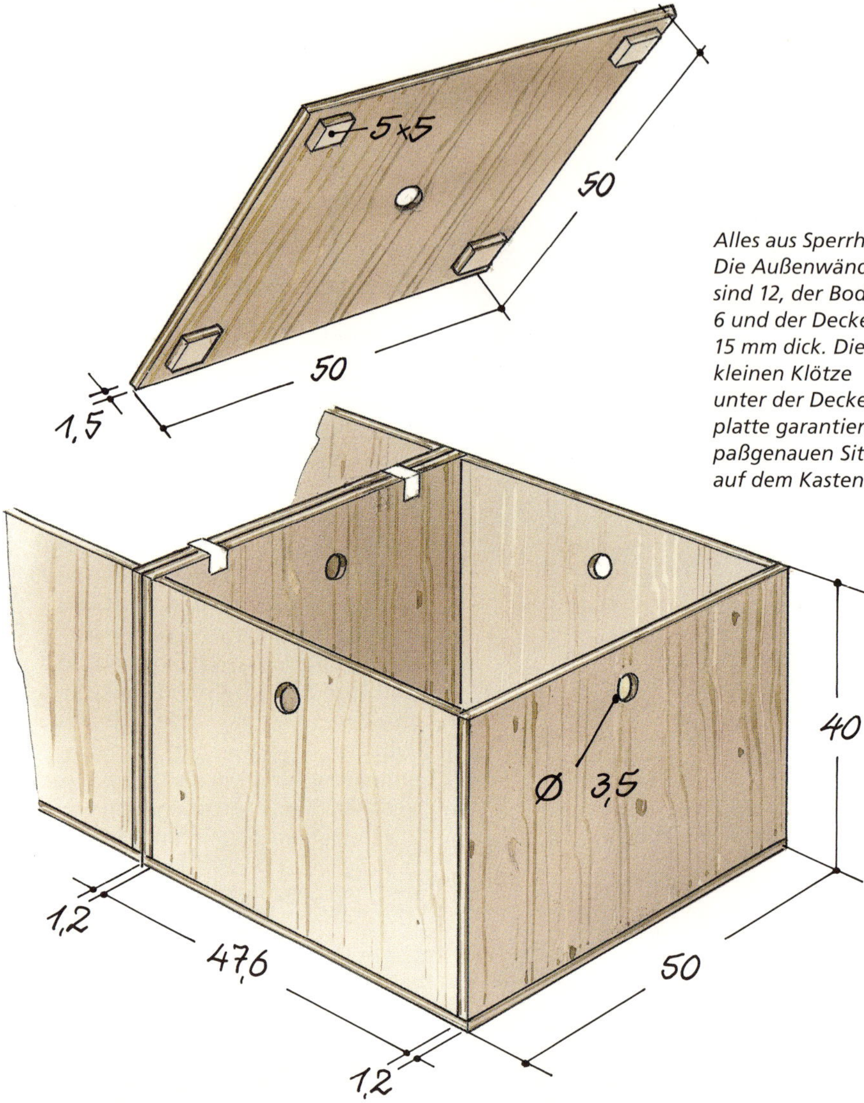

Alles aus Sperrholz: Die Außenwände sind 12, der Boden 6 und der Deckel 15 mm dick. Die kleinen Klötze unter der Deckelplatte garantieren paßgenauen Sitz auf dem Kasten.

Einfach toll, was man mit diesen Kästen alles machen kann!

Vielleicht wird aus den Kästen ein offenes Regal wie auf dem kleinen Foto der vorherigen Seite. Bei den großzügigen Abmessungen können sie eine ganze Menge Spielzeug, Bücher und Stofftiere „schlucken".

Die Kästen sind 50 mal 50 cm groß, 40 cm hoch und mit festem Boden ausgestattet. Der dicke, hoch belastbare Deckel wird lose aufgelegt. Für den sicheren Transport der Kästen sind an allen Seiten Grifflöcher vorgesehen, denn dank des geringen Gewichts können auch die Kleinsten die Elemente bewegen. Auch der Deckel bekommt ein Griffloch. So kann jeder Kasten, ob in der Mitte eines Podestfeldes oder vor einer Wandfläche, problemlos be- und entladen werden.

Herstellung – aber unvergleichlich variabel

So schlicht die Kästen in ihrer Erscheinung sind, die Einsatzmöglichkeiten scheinen schier unbegrenzt. Waren sie eben noch ein offenes Regal, können sie in den nächsten Minuten Bausteine für die Ritterburg oder für die Spielwiese sein. Der Blick auf die Konstruktionszeichnung links und die Arbeitsfotos zeigt den denkbar einfachen Bau der Kuben. Die Herstellung stellt wirklich keine hohen Anforderungen, weder ist ein umfangreicher Werkzeug- bzw. Maschinenpark, noch sind besondere Kenntnisse der Holzverarbeitung vonnöten.

Die Zeichnung enthält alle für den Zuschnitt erforderlichen Maße. Natürlich können Sie die Platten auf der – wenn vorhanden – eigenen Tischkreissäge zuschneiden, genausogut können Sie die zugeschnittenen Platten bei einem Holzhändler in Ihrer Nähe bestellen. Zum Aufbohren der Grifflöcher benötigen Sie einen Fostnerbohrer mit einem Durchmesser von 35 mm. Durchaus möglich, daß sich dieser Bohrer im Bestand Ihrer Werkstatt befindet, mit diesem speziellen Bohrer werden auch die Topfbänder von Türscharnieren eingelassen. Das Bohren der Grifflöcher geschieht vor dem Zusammenbau der Kästen. Besonders sauber und sicher gelingen diese Arbeiten mit der Bohrmaschine im Bohrständer.

Mit Weißleim und etwa 35 mm langen Senkkopfstiften heften Sie die mit den Grifflöchern versehenen Platten stumpf zu einem Korpus zusammen: erst die Seitenwände, dann den 5 mm dicken Boden. Solange der Leim noch nicht angetrocknet ist, kann der Kasten mit Hilfe der Bodenplatte rechtwinklig ausgerichtet werden. Die Deckel werden nur lose aufgelegt.

Mit einem Forstnerbohrer, ∅ 35 mm, werden sämtliche Grifflöcher in die winkelgerecht zugesägten Sperrholzplatten gebohrt.

Stumpf verleimt und mit kleinen Stiften fixiert, so entstehen aus einzelnen Platten geräumige Kästen. Auch der Boden wird untergeleimt.

Mit scharfem Cuttermesser wird der Tretford-Teppichboden für die Deckel zugeschnitten, ohne daß es an den Schnittkanten ausfranst.

Schon aus vier Kästen wird eine kleine Insel zum Stauen – und, viel wichtiger, zum Spielen und Toben.

Kleine Klötzchen sichern die lose aufliegenden Deckel

Damit sie exakt kantenbündig auf den Kästen liegen, leimen Sie auf deren Unterseite in jede Ecke im Abstand von 12,5 mm zu den Außenkanten ein 5 mal 5 cm großes Sperrholzklötzchen ein. Sämtliche Kastenkanten werden, sobald der Leim trocken ist, mit Schleifpapier überarbeitet. Als Belag für die Kästen haben wir den robusten und schönen Tretford-Teppichboden gewählt. Dieser wird ausschließlich aus natürlichen Materialien wie Ziegenhaar und Schafwolle hergestellt. Der Belag kann in jeder Richtung ohne Ausfransen geschnitten werden.
Beim Zuschneiden des Teppichbelags kommt es vor allem darauf an, daß die Fliesen von 50 mal 50 cm genau winkelgerecht gelingen. Dafür benötigen Sie einen rechten Winkel, ein langes Stahllineal und ein scharfes Teppichmesser.

den farbigen Teppichfliesen belegt.

Mit selbstgemachten Clips wandernde Kästen bändigen

Auf rauhen, griffigen Bodenbelägen wie beispielsweise Teppich stehen die Podestkästen wie angenagelt, bei Aufstellung im Verbund sichern sie sich gegenseitig. Nur wenn es auf den Kästen häufig „heiß" hergeht und vielleicht auch noch glatte Böden im Spiel sind, greifen Sie zu sichernden Maßnahmen. Aus Kabelkanälen für Elektroleitungen, die es in jedem Baumarkt gibt, haben wir uns ca. 3 cm lange Clips zugesägt. An den aneinanderstoßenden Längsseiten je zwei dieser Clips, und die Kästen sind durch nichts von ihrer Position abzubringen.

Mit einem scharfen Locheisen stanzen Sie das Griffloch in der Fliesenmitte aus. Dazu die Fliesenrückseite exakt mit Bleistift markieren.

Mit einem Zahnspachtel den Dispersionskleber gleichmäßig auf der Platte verteilen. Beim Auflegen die Fliese genau ausrichten.

Die Auswahl aus vierzig verschiedenen Farbtönen: Von ganz schlicht über edel bis zu leuchtenden Signalfarben reicht das Angebot beim Tretford-Teppichboden. Neben der Sortimentsfülle überzeugt der Boden durch die Verwendung natürlicher Materialien und Robustheit im täglichen Gebrauch.

Vergnügen für Groß und

Bühnen frei für den Kasper und seine Freunde: Hinter der bemalten Sperrholzwand finden mehrere Spieler Platz. Die Uhr oben zeigt den Beginn der nächsten Vorstellung.

Klein: das Kasperletheater

Das Puppentheater steht bei Kindern hoch im Kurs: beim Zuschauen und wenn sie selbst damit spielen. Bei diesem geht beides gleich vielfach.

Aus dem Kasperlealter ist man irgendwann einfach heraus. Ob die Prinzessin gerettet wird und das Krokodil seine gerechte Strafe bekommt, kümmert nicht mehr. Und irgendwie verschwindet dann auch die Kasperbühne, die jahrelang hinter der Zimmertür verstaut war. Ende der Vorstellung. Doch dann hat man selbst Kinder. Nur weiß keiner mehr, wo die alte Bühne gelandet ist, und eine neue muß her. Wer dann an den Selbstbau geht, kann gleich ein paar Mißlichkeiten der Kasperlebühne von einst beseitigen. Zum Beispiel, daß sie so niedrig war und man sich dahinter immer zusammenkauern mußte. Zum Beispiel, daß sie beim wilden Spiel stets ins Publikum zu fallen drohte, da man die Bühne nirgends festhaken konnte. Zum Beispiel, daß immer nur ein Puppenspieler hinter der Sperrholzbühne Platz hatte und Kasper und den Polizisten zugleich bewegen mußte – für Kinderhände viel zu schwer. Das sind schon ein paar gravierende Punkte, die sich zu einer ganz neuen Kasperlebühne umsetzen lassen. Einer Kasperlebühne, die den vollen Ausschnitt einer Zimmertür füllt, einer, die man mit Gummizügen und einem Stück Besenstiel ganz einfach hinter der Türzarge festklemmen kann. Einer, die mehrere Auftrittsöffnungen in verschiedenen Höhen bietet, so daß ganz kleine ebenso wie ganz große Puppenspieler gleichzeitig ihre Schauspielkünste zeigen können. Kurz, ein Kasperletheater wie dieses.

Verschiedene Bühnen: am Boden ein Portal mit zwei Flügeltüren, darüber ein Theater mit Vorhang für die Kleinen und weitere Auftrittsmöglichkeiten für ein mehrszeniges Stück; ein Loch in der Baumkrone und eine Arrestzelle, eines im Höllenfeuer für den Teufel. In der Mitte ein Ballon und eine Zelle.

Daß die Kasperlebühne unter konstruktiven Gesichtspunkten nichts weiter als eine rechtwinklige Platte ist, macht spätestens die Zeichnung klar. Ihre Maße ergeben sich aus der vorhandenen Türöffnung – sie können also variieren, je nach Höhe und Breite der Zarge. Die Spielöffnungen werden je nach Idee gestaltet.

Die Platte wird im Holzhandel auf das Grundmaß zugeschnitten. Mit Lochsäge und Stichsäge werden dann die Spielöffnungen gesägt.

Ein Stück Sperrholz, mehr nicht

Flach wie ein Brett ist die Kasperlewand – nur ein Stück Sperrholz. Deshalb läßt sie sich ausgesprochen leicht bauen; einige Schnitte mit Stich- und Lochsäge sind die größten Tischlerarbeiten, die hier zu vollbringen sind. Daß sie kaum Platz einnimmt, macht sie seit eh und je zu einem – auch bei den Eltern – beliebten Spielzeug. Sie paßt hinter die Zimmertür, hinter einen Schrank, auf den Speicher oder in die Garage. Die Befestigung ist denkbar einfach. Statt zweier Klappflügel wie bei herkömmlichen Kasperlebühnen hat diese sechs Schlaufen aus Gummiband, durch die Besenstiele gesteckt werden, so daß die Wand hinter der Tür festgeklemmt wird. Das Baumaterial sind 10 mm dickes Sperrholz und 5 mm dicke Leisten für die Verzierungen in unterschiedlichen Längen. Für die Bühnenvorhänge und die Hintergrundprospekte können Stoffreste verarbeitet werden. Für die Bemalung werden Lacke ohne Lösemittel verwendet – der Phantasie sind hier keine Grenzen gesetzt.

Mit dem Cutter werden die Konturen der unregelmäßigen Öffnungen vorgeschnitten, damit die Kanten beim Sägen nicht ausreißen.

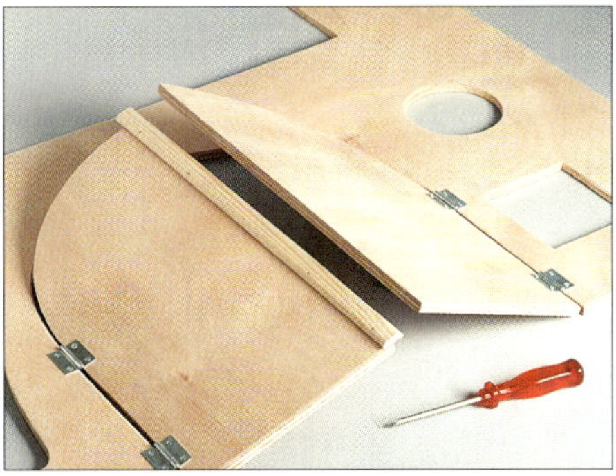

Nach dem Schleifen aller Sägekanten können die Türflügel eingesetzt werden. Zwei Scharniere links und rechts machen sie beweglich.

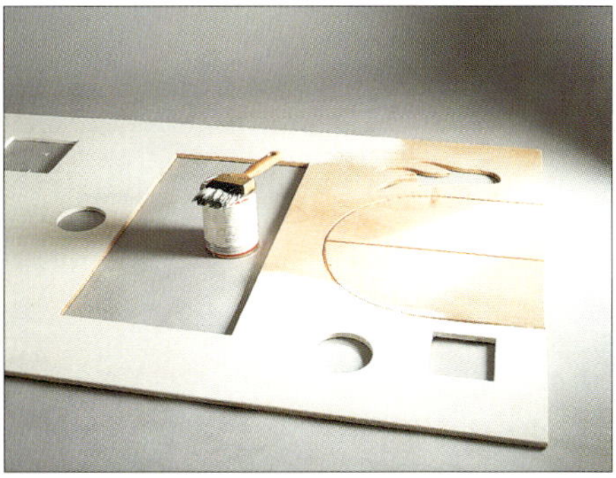

Alle Flächen und Leisten, die später bunt bemalt werden sollen, bekommen einen Grundanstrich mit matter, weißer Wandfarbe.

Alle Leisten, ob aus Sperrholz oder Kiefernholz, werden nach dem Zuschnitt erst bemalt und dann mit Heißkleber an der Platte fixiert.

Bühnenmalerei mit den Kindern

Wie die Spielöffnungen letztlich ausfallen, bleibt eine Sache der Phantasie des Kasperlekonstrukteurs. Die Kasperlewand in diesem Beispiel zeigt einige Möglichkeiten, die auf einem Brett realisiert wurden. Ob man Extraplätze für den Auftritt des Teufels schafft, wie das Feuer etwa, oder anderen Delinquenten mit der vergitterten Arrestluke eine Bühne gibt, gestaltet der Erbauer. Vielleicht gemeinsam mit den späteren Puppenspielern, mit den Kindern also. Denn natürlich muß die Kasperlebühne nicht unter Ausschluß seiner Benutzer erdacht, sondern kann mit ihnen gemeinsam ausgestaltet werden. So sind auch diverse andere Gucklöcher neben den klassischen Bühnen denkbar: zum Beispiel ein Autofenster, das Schloßzimmer für den König oder ein grün umrandeter Tümpel für das Krokodil. Alle Öffnungen werden mit der Stichsäge ausgeschnitten und anschließend sorgfältig mit Schleifpapier geglättet. Denn nichts würde den Spielspaß so beeinträchtigen wie Splitter von Sperrholz in den Fingern!

Bastelfarbe, die zuvor mit Wasser verdünnt wird, dient als Untergrund der Kasperlewand. Mit einem Lappen fein wolkig auftragen.

Nach dem Anstrich werden die Leisten auf die Holzplatte geklebt. Die Teile sofort plazieren und ausrichten. Der Kleber bindet schnell ab!

Die Leisten, die die großen Öffnungen rahmen, deuten einen Bühnenboden an oder können zur architektonischen Gestaltung der Frontseite, zum Beispiel für kleine Giebel, angebracht werden. Auch kleine Details wie die Leisten, die links und rechts am Rand wie Säulenimitationen an der Kasperlewand hochlaufen, oder eine Querabschlußleiste oben werden aus flachen Leisten oder aus dem Verschnitt der Sperrholzplatte geschnitten. Für den Torbogen bei der Flügeltür schneidet man entlang des Türausschnitts aus einer zweiten Sperrholzplatte einen entsprechenden schmalen Streifen mit der Stichsäge aus. Auch diese Bauteile werden sorgsam entgratet und geschliffen, damit sich niemand an möglichen Splittern verletzen kann. Für die Vorhänge und Bühnenhintergründe werden Stoffe verwendet – auch aus der Restekiste –, die man auf dünne, aber stabile Stäbe, zum Beispiel 10 mm starke Dübelstangen, auffädelt. Für deren Aufhängung dienen Schraubösen, an die man die Vorhänge anknüpfen kann.

Die Zeiger der Uhr werden aus Leisten ausgeschnitten, durchbohrt und auf einen Nagel gesteckt. Durch das Zifferblatt hämmern.

Gummibänder klemmen die Spielwand hinter der Tür fest. Schraubösen eindrehen und die Gummibänder (Weckgummis!) einschlingen.

Vorhänge, mindestens zwei hintereinander, sind wichtige Requisiten. Dafür werden Bindfäden durch den genähten Saum gefädelt.

Die Hintergründe entstehen aus transparentem Stoff wie Bettlaken. Sie werden bemalt und unten in einer Saumschlaufe beschwert.

Seitenweise schöne Ideen

Kinder haben ganz andere Vorstellungen vom Wohnen, Chaos und Kreativität sollen im Kinderzimmer ihren Lauf nehmen können.

Kinder leben in ihrer eigenen Welt, heißt es. Sicher bezieht sich das auch auf die Haltung zur Ordnung: Legosteine und Spielzeugautos unter den Füßen, Haufen von Bauklötzen, Berge von Stofftieren. Kinder lieben diese scheinbare Unordnung. Von Erwachsenen als chaotisch empfunden, halten sie diese Zustände für „total normal“. Und recht haben sie. Kinderpsychologen mahnen eindringlich davor, Kreativität und Phantasie der Kinder durch übertriebenen Ordnungsdrang zu behindern. Vor allem sollte ein Zimmer wirklich kindgerecht ausgestattet sein. Im übrigen ist Ordnung bei Kindern keineswegs so unbeliebt, wie es immer scheint. Nur muß sie schnell erreichbar sein. Autos und Bauklötze in den Kasten, die anderen Sachen in ein Regal – schon ist die lästige Pflicht erledigt.

für das Kinderzimmer

Platz zum Spielen, Platz zum Toben, phantasievolle Möbel, praktische Ausstattung: Hier fühlen sich Kinder wohl.

Eine Stehleuchte in limitierter Auflage. Designer:

Die Bananenpalme mit Beleuchtung

Die exotische Palme bringt Licht und Farbe ins Zimmer, zudem ist sie in der Pflege anspruchslos. Im Stamm, den man gut aus den Kernrollen von Teppichböden herstellen kann, steckt eine Baustellenleuchte. Mit Rundstäben aus Buchenholz, steifem Kreppapier und Montageschellen aus dem

1

Exakt rechtwinklig gerät der Zuschnitt, wenn Papier um die Rolle gewickelt wird. Die Kanten des Bogens müssen übereinanderliegen.

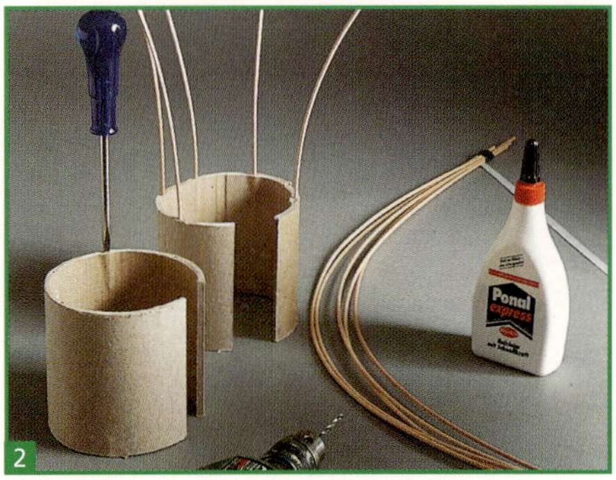

2

Ein Rückgrat aus Stegen hält die Blätter. Vorher feucht biegen und nach Trocknung in die Kante des Rohrabschnitts einkleben.

3

Die Blätter werden aus Pappe oder Kreppapier hergestellt. Vorher zweimal falten, dann werden sie symmetrisch.

Papa. Fachkundiges Urteil: einfach affenstark!

Installationsbedarf läßt sich schnell eine Leuchte bauen. Die Hängematte für Stofftiere macht sich hier, unter Palmen, besonders gut. Aus zwei etwa 40 cm langen Rundstäben und einer groben Gardine – ersatzweise Kunststoffgeflecht aus dem Baumarkt, wie es für Fassadenputz verwendet wird – entsteht kurzerhand die Liegefläche, die Verbindung zu den Palmen stellen Schnüre her.

Der Stoff, *alternativ auch Kunststoffgewebe, wird mit seinem Ende auf den Rundstab gerollt und mit dem Tacker befestigt.*

Der Rohrabschnitt *mit den Blättern wird in den Stamm eingeklebt und mit den Montageschellen an der Wand befestigt.*

Die Schnüre *für die Befestigung der Hängematte an den Stabenden verknoten und mit einigen Tropfen Leim sichern.*

Aus einfachen Kästen entsteht ein stabiles und schönes Regal für Teddy & Co.

Die Regalkästen werden versetzt gestapelt und an den Auflagepunkten mit einer Gewindeschraube gesichert.

Regalwand aus dem Baumarkt

Sicher haben Sie die Kästen, vermutlich an den Grifflöchern der Querseiten, längst erkannt. Diese Kästen aus massivem Holz werden in verschiedensten Größen in den Baumärkten angeboten. Bei Stückpreisen ab etwa 20 DM ist ein Regal wie das gezeigte keine große Investition. Für unser Regal haben wir die Kästen einfach aufeinandergestellt und durch Gewindeschraube nebst Mutter verbunden. Auf diese einfache Weise lassen sich viele phantasievolle Regallandschaften erstellen.

Leimholz: Kindermöbel haben mehr drauf.

Hochsitz, Garage und kleiner Werktisch: die Spielbank aus Leimholz

An der Bank *umlaufende Leisten sorgen für zusätzliche Stabilität und verdecken die Schnittkante des aufgelegten Teppichs.*

Alle Kanten *werden sorgfältig mit Schleifpapier geglättet, die Außenkanten abgerundet und der Teppichboden aufgeklebt.*

Platz zum Spielen und zum Basteln, notfalls muß auch die fällige Inspektion am Fahrrad hier erledigt werden.

Ungehobelte Bretter *sind die Basis für die Pinnwand. Bei Bedarf wird mit dem Hammer ein Nagel eingetrieben, z. B. als Kleiderhaken.*

Ein loses Brett *in der Lattenwand verbirgt ein Geheimfach für die vielen kleinen Schätze, die sicher versteckt werden müssen.*

Aus drei ausgedienten Stühlen wird ein wandhängendes Regal.

Das Wandregal aus Kinderstühlen

Noch lange nicht aussortiert werden muß die Bestuhlung des Kinderzimmers, wenn der Nachwuchs ihnen quasi entwachsen ist. An einer freien Stelle Dübel in die Wand, Schraubhaken eindrehen und die Stühle an den Lehnen aufhängen – fertig ist das unkonventionelle Wandregal. Ganz einfach kann die nutzbare Ablagefläche erweitert werden: In die Querstreben zwischen den Beinen werden passend zugesägte Regalböden eingelegt.

Kräftige Schraubhaken, *jeweils zwei pro Stuhl, greifen in die Lehne und tragen auch hohe Lasten sicher.*

Jetzt kommt Bewegung in den Straßenbau: jeder

Tag neue Routen für Autos und Lastwagen.

Die Teppichfliese mit Filzstift vierteln und dann den Straßenplan aufzeichnen. Der „Asphalt“ wird aus grauer Wandfarbe hergestellt.

Nach Trocknung der Farbe wird jede Fliese in jeweils vier Quadrate zerschnitten, so entstehen Kurven, Kreuzungen und Geraden.

Die Lieblingsautos sicher und transportabel aufbewahrt

Viel zu schade, um in die Fänge der Schwester zu gelangen? Für Transport und Aufbewahrung der Lieblingsautos: Werkzeugkoffer aus Stahlblech, Teppichrest als Zwischenboden – das war's. Kosten? Koffer gibt es für etwa 20 DM in jedem Baumarkt.

Modernes Verkehrssystem

Die Basis für dieses Verkehrssystem sind preiswerte Nadelfilzfliesen, die in den Abmessungen 40 × 40 oder 50 × 50 cm erhältlich sind. Mit einem Filzstift die Fliesen vierteln, anschließend die etwa 5 cm breiten Straßen mit grauer Wandfarbe aufbringen, danach die großen Fliesen mit dem Teppichmesser in vier gleiche Quadrate schneiden. Dann ist der junge Straßenplaner gefordert, die richtigen Pisten für seine Automobile zu schaffen.

Jetzt ist ein Teppich mit Dino-Muster draus geworden. Der nicht mehr herauszulösende Fleck ist mit Textilfarbe kaschiert.

***Die Vorlage** wird aus Pappe bzw. Papier gefertigt und auf dem Fleck postiert. Mit wasserfester Textilfarbe wird der Fleck übermalt.*

Dieser Dino mag keine Flecken

Ganz schnell kann es beim Toben oder beim Spielen passieren, daß ein Tintenfaß umkippt oder Farbe auf den Teppich gerät. Bei solchen Rückständen, die nicht oder nur schwer zu entfernen sind, hilft ein einfacher Trick: Mit Textilfarbe wird der Fleck übergemalt, zum Beispiel mit einem Dinosaurier. Dazu wird eine Schablone angefertigt (aus einem Buch kopieren), auf den Fleck gelegt und mit einem harten Pinsel aufgetupft – fertig.

High-Tech-Look ist das nicht unwahrscheinlich.

Alles in Griffnähe: Schülerschreibtisch mit Stahlregalen als Ergänzung.

Winkelprofile aus Aluminium werden entsprechend dem Abstand der Löcher im Stahlregal unter dem Bohrständer gebohrt.

Zwischen den senkrechten Streben der Regale werden die Aluminiumprofile befestigt. Sie halten Platte und Ablage.

Schöner Sternenhimmel – bei jedem Wetter

So einfach wird aus einem Kinderbett ein Himmelbett: mit der „Wolkenplatte“ voll funkelnder Sterne.

Die Lämpchen der Lichterkette werden durch die Bohrungen geführt und, ebenso wie die Zuleitungen, mit Schmelzkleber fixiert.

Sternchen mit selbstklebender Rückseite (in Schreibwarenläden erhältlich) werden auf der Platte zwischen den Lämpchen verteilt.

Wenn aus Springern standhafte Stopper werden

Flummis werden die kleinen bunten Springbälle genannt. Doch sie haben noch weitere unentdeckte Talente: Mit unserem Vorschlag werden daraus fröhlich-bunte Türstopper. Dazu die Bälle mit langsamer Drehzahl unter dem Bohrständer aufbohren. Im Fußboden wird eine Gewindestange mit einem sogenannten Schwerlastdübel (s. Abb.) verankert, auf den der aufgebohrte Flummiball gedreht wird – schon ist der Türstopper fertig.

Immer auf Achse mit dem

Schlaf- und Spiel-Brummi

Pannen sind bei diesem Truck nicht zu befürchten, aber Radwechsel und Verladearbeiten machen an diesem Brummi viel Spaß.

Ein Lastwagen mitten im Zimmer ist eine Idee, die gut ankommt – und in diesem kann man sogar schlafen: ein Brummi als raumsparendes Etagenbett.

Zwei Ideen sind es, die diesen Bauvorschlag besonders interessant machen. Die erste Idee ist zwar nicht neu, aber immer noch gut. Zwei Betten übereinander werden zum Etagenbett und helfen, den in Kinderzimmern häufig knappen Raum zu sparen. Und mit der zweiten Idee wird aus einem Etagenbett Ladefläche und Aufbau eines Brummis – zu dem natürlich noch ein Führerhaus gehört. Neben dem hohen Spielwert ist das Bett auch in seinen Funktionen optimal.
Sind die Kinder aus dem Spielalter heraus, kann man es abnehmen und separat aufstellen, aus dem Etagenbett werden zwei baugleiche Einzelbetten. Die Fallbretter des oberen Betts können leicht abgenommen werden. Praktisch sind auch die Schubkästen hinter den Rädern, sie sind der ideale Aufbewahrungsort für das Bettzeug und jede Menge Spielsachen.

Den ganzen Tag unterwegs auf den Landstraßen

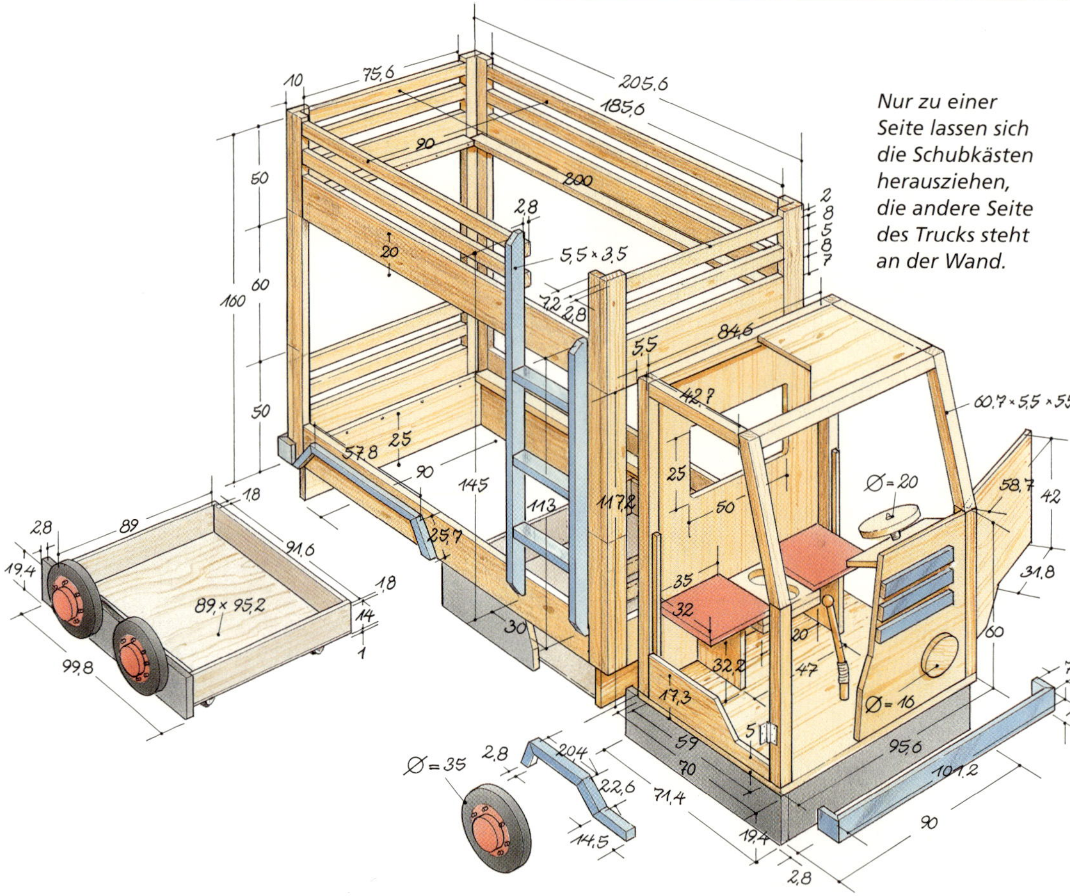

Nur zu einer Seite lassen sich die Schubkästen herausziehen, die andere Seite des Trucks steht an der Wand.

Das Etagenbett im Brummi-Design – komplett aus Kiefernleimholz

Massives Kiefernleimholz in Stärken von 1,8 und 2,8 cm und Stützen aus Leimholz in den Abmessungen 5,5 × 3,5 cm und 5,5 × 5,5 cm sind die Baumaterialien für den Truck im Kinderzimmer. Nach obiger Zeichnung sollten Sie sich für dieses Bauvorhaben eine genaue Stückliste erstellen, dann kann beim Bauen nichts schiefgehen. Die beiden baugleichen Betten bestehen aus fest verleimten Rahmen, die durch eingesetzte Zwischenstücke zu Etagenbetten gestapelt werden. Von innen angesetzte Schraublaschen halten Betten und Zwischenstücke unverrückbar zusammen. Bei der Konstruktion der Betten liegen Standardmaße zugrunde, Lattenroste und Matratzen in den Abmessungen von 90 × 200 cm. Sollen andere Matratzengrößen verwendet werden, müssen die Bettmaße entsprechend angepaßt werden. Auch das Fahrerhaus ist mit den Betten nur durch Schrauben verbunden; so kann der Truck bei Bedarf, beispielsweise beim Umbauen des Kinderzimmers oder bei einem Umzug, in seine Einzelteile zerlegt werden.
Wenn es der Platz erlaubt, kann das Truckbett auch frei im Raum aufgestellt werden, beide Fahrerhaustüren sind beweglich aufgehängt.

Baumaterial für den Brummi ist Kiefernleimholz. Einzelne Leisten sind zu Brettern verleimt, so werden Bewegungen durch Feuchtigkeits- und Temperaturschwankungen ausgeglichen.

Auf einer Tischkreissäge werden die benötigten Holzbreiten zugesägt. Ausschließlich für fotografische Zwecke wurde hier der Handschutz der Säge entfernt.

Exakt rechtwinklig zur Oberfläche müssen die Löcher für die Runddübel in das Holz gebohrt werden. Eine willkommene Hilfe ist ein Bohrmobil, das die Bohrmaschine aufnimmt.

Kleinere Bauteile wie die Bettbeine werden unter dem Bohrständer bearbeitet. Der justierbare Tiefenanschlag garantiert die richtigen Tiefen der Bohrlöcher.

Die Kojen im Truck werden ganz komfortabel mit

***Mit Dübellochmarkierern** werden die Mittelpunkte der Bohrlöcher paßgenau auf das Gegenstück übertragen. Ein fester Anschlag sorgt für Bündigkeit der Oberflächen.*

Zwei baugleiche Betten

Aus Sicherheitsgründen bekommt das obere Bett rundum Fallbretter. Diese werden jedoch nur gesteckt, damit sie später leicht demontierbar sind, wenn das Bett einzeln aufgestellt werden soll. Das obere der beiden Betten benötigt dann auch Standbeine, die wie beim unteren Bett an Kopf- und Fußende quer angebracht werden. Die meisten Verbindungen der Bauteile sind rechtwinklig ausgeführt und durch Verschrauben oder Verdübeln mit Flachdübeln, den sogenannten Lamellos, oder Runddübeln einfach herzustellen. Zum Pressen der verleimten Betteile und des Fahrerhauses brauchen Sie Zwingen mit 100 cm Spannlänge oder Spannbänder für mindestens 6 Meter Umfang.

***Für sicheren Stand** auf schmalen Kanten von Brettern und Leisten wird die Auflagefläche für die Grundplatte des Bohrmobils durch Anbringen eines Bretts erweitert.*

***Bettseiten** und Ecken werden zur Aufnahme von Runddübeln gebohrt, die für eine größere Festigkeit sorgen. Für die weniger belasteten Fallbretter sind die Flachdübel ausreichend.*

Matratzen und Lattenrosten ausgestattet.

Die vier Bettenden *sind baugleich. Es werden die acht Endstücke verleimt, jeweils zwei davon werden mit den Zwischenbrettern und den oberen Fallbrettern zusammengesetzt.*

Jeweils zwei Bettenden *werden anschließend mit den Bettseiten durch Holzdübel und Holzleim verbunden. Mit den Spannbändern, die um das Bett gelegt werden, die Teile pressen.*

Das obere Bett *wird von Zwischenstücken getragen. Diese Verbindungen werden nicht verleimt, innen angeschraubte Laschen verhindern versehentliches Lösen der Steckverbindung.*

Für den Bau der Leiter, *die zum oberen Bett führt, brauchen Sie Stützen (5,5 × 3,5 cm) aus Leimholz. Sprossen und Holme werden miteinander verdübelt und verleimt.*

Die Schubkästen unter Bett und Fahrerhaus bestehen aus einer Zarge, die an den Ecken mit Flach- oder Runddübeln verleimt wird. Die Front wird durch eine Blende abgedeckt.

Der richtige Anstrich für Trucks

Kiefernholz ist hell und entsprechend schmutzempfindlich, ein Anstrich mit farblosem Kunstharzlack schützt das Holz – und gibt ihm einen leicht honigfarbenen Ton. Spuren von Schokolade bis Marmelade können einfach und rückstandslos mit feuchtem Tuch entfernt werden.
Vor dem ersten Anstrich werden alle Flächen geschliffen, dabei auch scharfe Kanten an gesägten Teilen gerundet. Bei den großen Flächen ist der Einsatz elektrischer Schleifmaschinen (mit integrierter Staubabsaugung) empfehlenswert. Reste des Schleifstaubs werden mit Staubsauger und Düsenbürste entfernt. Druckstellen im Holz kann man durch Dämpfen mit Bügeleisen und feuchtem Tuch beseitigen.

Unter die Zarge wird der Schubkastenboden aus 9 mm starkem Sperrholz geschraubt. Vier untergeschraubte Möbelrollen machen den Kasten beweglich.

Etwas kniffliger ist die Herstellung der Fahrerhausfront. Für die Verleimung der auf 17 Grad abgeschrägten Stützen muß eine Lehre angefertigt werden.

noch Lack oder Wachs muß aufs „Blech".

Führerhausfront, *Dach, Rückwand und Boden zusammenfügen, dazu Rückwand und Front mit dem Boden verschrauben und verleimen. Mit Spannbändern Anpreßdruck erzeugen.*

Die Lenkräder, *für jeden Piloten eines, finden ihren Platz auf einer schrägen Konsole, die gegen die Fahrerhausfront geschraubt wird. Die Lenkräder sind drehbar gelagert.*

Grill und Lampen *können ganz nach eigenem Geschmack gestaltet und montiert werden. An der Front machen sich Originalteile (vom Schrottplatz) wie Embleme besonders gut.*

Eine Lehre *aus einem Stück Restholz erleichtert das exakte Positionieren der Radmuttern. Kleine Abschnitte einer Dübelstange werden auf die profilierten Räder geleimt.*

Ohne Bedenken: Lacke,

Lacke, Lasuren und Holzwachse in leuchtenden Farben, die für Anstriche von Spielzeugen, Möbeln und Wänden im Kinderzimmer geeignet sind.

Lasuren und Holzwachse

Bunt gleich giftig, das war früher die Regel bei Anstrichen mit farbigen Lacken. Viele moderne Farben können heute bedenkenlos auch ins Kinderzimmer.

Bei der Herstellung von Kinderspielzeug dürfen keine Farben verwendet werden, die zu gesundheitlichen Bedenken Anlaß geben. Das steht in einer DIN-Vorschrift, die für Hersteller schon seit langem als verbindlich gilt. Weil man weiß, daß Kleinkinder ihr Spielzeug – dazu gehören z. B. auch Bilderbücher – oft in den Mund nehmen, hat ein solches Verbot natürlich seinen Sinn. Zumal Speichel eine relativ aggressive Flüssigkeit ist, die den Lack schon nach kurzer Zeit ziemlich alt aussehen läßt. Wenn man die Wände eines Kinderzimmers streicht, muß man zwar nicht damit rechnen, daß Kinder die Wände ablecken, aber weiße Dispersionsfarben gibt es schon seit längerem vollkommen lösemittel- und emissionsfrei. Buntfarben enthalten so geringe Mengen Lösemittel und Farbpigmente, daß man diesen Aspekt vernachlässigen kann. Auf die unbedenkliche Zusammensetzung der Anstrichmittel muß jedoch geachtet werden, wenn Spielzeuge oder auch Möbel für das Kinderzimmer selbst gebaut und angestrichen oder renoviert werden. Besonders mit kleinen Spielzeugen wird sehr intensiv gespielt, und dabei darf weder Speichel noch Handschweiß die Farben angreifen oder anlösen. Es geht dabei nicht nur um Lösemittel, die bei den betreffenden Farben ohnehin durch Wasser ersetzt sind, sondern auch um die Inhaltsstoffe: die Farbpigmente, die Füllstoffe und die Duftmittel.

Sprühlack ohne schädigende Treibmittel und ohne Bestandteile, die Kinder gefährden könnten, sind besonders gut geeignet, um stark strukturierte Oberflächen zu lackieren.

Die Unbedenklichkeit ist in einer Norm festgeschrieben

Einige Hersteller von Anstrichmitteln, die ohnehin schon auf die Umweltverträglichkeit ihrer Produkte achten, haben sich inzwischen der DIN 53160 verpflichtet, die eigentlich für fertige Spielzeuge gilt. Sie erklären für bestimmte Produkte, daß sie speichel- und schweißecht sind. Das entsprechend strenge Prüfverfahren muß ergeben haben, daß diese Farben keinerlei giftige oder auch nur bedenkliche Substanzen abgeben. Das gilt aber nur für die fertigen Anstriche im getrockneten und durchgehärteten Zustand, nicht für das Anstrichmittel selber. Die sind nach wie vor von Kinderhänden fernzuhalten. Verantwortungsvolle Eltern können somit für alle selbstgefertigten und dann lasierten oder lackierten Spielsachen und Möbel sowie für die Wandgestaltung im Kinderzimmer auf Farben zurückgreifen, von denen keine gesundheitlichen Risiken ausgehen – auch wenn Kleinkinder an ihnen lutschen oder sie mit schweißigen Händchen begreifen sollten. Zeugnis dafür sind die Stellen an Spielzeugen, an den wieder das blanke Holz zu sehen ist.

Lacke und Farben machen es möglich.

Selbstgebasteltes Spielzeug muß speichel- und schweißfest behandelt sein. Produkte nach DIN 53160 sind eine Garantie dafür.

Auf der Dose stehen Hinweise

Die dieser DIN 53160 entsprechenden Anstrichmittel sind in aller Regel auf dem Gebinde mit entsprechenden Hinweisen versehen. Wird eine Lasur oder eine Lack für eine solches Vorhaben in die engere Wahl gezogen, auf dem ein Hinweis fehlt, kann das Verkaufspersonal Auskunft geben. Die Hersteller von Anstrichmitteln liefern zu ihren Produkten technische Merkblätter, die über die Zusammensetzung und die Einsatzgebiete Auskunft geben. Im Zweifelsfall kann man sich Blätter direkt vom Hersteller besorgen.

Spielen und Wohnen ohne Risiken für die Gesundheit: das ist sein gutes Recht. Verantwortungsvolle Eltern machen es möglich.

Stichwortregister

Fotografen: Ariadne Ahrens, Seite 6/7, 18–21, 22–29, 34–41, 66–69; Rüdiger Dörr, Seite 50–53; René Lauert, Seite 30–33; Graf Ferdinand Luckner, Seite 6/7, 42–47, 82–87; Marco Moog, Seite 14–17, 70–75; Petra Stange, Seite 8–12, 48/49, 78–81, 88–112, 114–121; Egon Steffens, Seite 54–57; Karin Vogel-Berensmann, Seite 58/59, 76/77, 122–125; Judith von Holdt, Seite 60–64
Zeichnungen: Achim Bredin, Seite 68; Rüdiger Dörr, Seite 52; Jochen Pape, Seite 56; Tillmann Straszburger, Seite 10, 16, 20, 26, 32/33, 36, 44, 61/63, 72, 78, 84, 90, 96, 116.